KB212161

근본불교 성전(下)

〈번뇌를 여의는 길〉

(사)한국불교금강선원 금강회

머리말

우리는 옛날 한국 전통불교 교육과정을 통해 불교강원교재인 사미율의, 초발심자경으로부터 시작하여 사미과, 사집과, 사교과, 대교과, 수의과 등의 순서로 공부하고, 뒤에 동국대학교에서 교육하는 경 · 율 · 론 3장의 순서로 공부하여 왔다.

그런데 교리발달사를 배우면서 불멸 후 100년까지는 원시불교성전으로 소아함경과 법구경을 가르치고, 상좌•대중 부파불교가 생긴 이후로 장아함, 중아함, 잡아함, 증일아함이 부파불교의 소의경전으로 재편집되어 부파불교 또는 소승불교와 대승불교가 생기게 되었다는 것을 알게 되었다.

말하자면 불교의 근본 뿌리는 다 잊어버리고 가지, 잎, 꽃, 열매만 가지고 내 것이 옳고 네 것이 옳지 않다는 주장만을 해 왔던 것이다.

생각하면 너무도 부끄러운 일이기 때문에 큰스님께

서 젊었을 때 경율론 3장을 체계있게 정리하여 배웠듯이 원시근본불교사상으로부터 소·대승, 종파불교에 이르기까지 체계있게 정리하여 불교를 바르게 이해하기로 생각하고, 우선 "뿌리없는 나무"와 "번뇌를 여의는 길"을 정리하여 먼저 금강선원 식구들부터서라도 바른 불교를 이해할 수 있도록 구상하고 있다.

먼저 "뿌리없는 나무"는 선배들이 정리하고 다음에 "번뇌를 여의는 길"을 정리한 뒤 대학자들의 자문을 통해 인도, 중국, 한국 종파불교가 생긴 내력을 역사적으로 정리해 보기로 하였다.

방대한 자료를 간단하게 간추려 정리하다 보니 혹 부족한 점을 종종 느끼기도 했지만 이렇게 해서라도 여러차례 정리하다 보면 한국불교뿐 아니라 세계불교를 바로 이해할 수 있는 길이 열리지 않을까 생각된다.

부족한 점이 있더라도 열심히 공부해 주시기 바란다.

불기 2564년 3월 15일
(사)한국불교금강선원 이사장 **혜 성** 합장

일 러 두 기

1. 상편 뿌리없는 나무에서는 부처님과 부처님 제자
   들이 스스럼없이 주고 받은 노래를 먼저 실었고,

2. 번뇌를 여의는 길에서는 농사짓고 목장하며 살아
   가는 서민들과 주고 받은 아름다운 노래를 정리하
   였으며,

3. 상편은 전문적인 말로는 '진리의 말씀(法句經)',
   하편은 '지혜의 말씀'을 간추려 한데 모았다.

4. 이 경전은 교단이 상좌, 대중부로 나누어지기 이
   전 부처님을 직접 뵈온 증손자 상좌까지 교재가
   없이 이 노래를 외우고 다니며 실천했던 것이다.

추 천 사

　부처님 말씀에는 윤리 도덕적인 말씀만 들어있는 것이 아니라 일자무식한 나무꾼들이 지게지고 흥얼대는 장단소리, 농사짓는 농부들의 노랫소리, 고기잡이 어부들의 어울림도 많이 들어있다.

　젊은 청년들이

"아리랑 아리랑 아―라―리요!"하면

"아리랑 고개로 넘어간다."

하고 장단에 맞게 노래하였다.

　옛사람들은 이러한 말씀들을 모아 경 · 율 · 론(經 · 律 · 論) 3장으로 구분하고 그 내용과 문체를 3장(藏) 12부(部)로 나누어 놓았는데, 더욱 풍요한 문장으로 대장경을 편집하였다.

　① 수트라(sutra : 契經 : 마음에 꼭 맞는 글 : 經)

　② 기야(geya : 祇夜 : 모든 중생의 근기에 맞게 하는 노래 : 應頌)

③ 가타(gata : 伽陀 : 격에 맞게 부르는 노래 : 諷頌)

④ 니타나(nidana : 尼陀那 : 인연따라 부르는 노래 : 因緣)

⑤ 이제왈다가(itivritaka : 伊帝曰多迦 : 역사적인 사건 : 本事)

⑥ 사다가(jataka : 闍多迦 : 전생이야기 : 本生)

⑦ 아부달마(adbhuta-dharma : 阿浮達磨 : 일찍이 있지 않은 일 : 미증유)

⑧ 아파타나(avadana : 阿波陀那 : 비유 : 譬喩)

⑨ 우바제사(upadesa : 優波提舍 : 논의 : 論議)

⑩ 우타나(udana : 優陀那 : 스스로 말하다 : 自說)

⑪ 비불략(vaipulya : 毘佛略 : 바르고 넓은 우주론 : 方廣)

⑫ 화가라(vyakarana : 和伽羅 : 예언 : 授記)

이것이 12부의 내용이다. 이것을 다시 계(戒), 정(定), 혜(慧)로 나누기도 한다.

그러나 부처님은 경이나 인연, 비유 등을 상대방의

근기에 따라 알기쉽게 노래하였으므로 3척 동자도 따라 노래 불렀다. 이런 부처님의 말씀이 중국말로 번역되면서 한문화(漢文化)되는 과정에서 이해하기 어려운 철학적인 소재에 문학적인 고급언어가 사용되어 불교는 더욱 어려운 고등종교라는 관념이 생기게 된 것이다.

이제 부처님께서 목동들과 어울려 노래하며 진리를 쉽게 편 대목부터 간단히 소개해 보겠다.

불기 2564년 3월 15일
편집자 합장

목 차

1. 천신과 부처님

  아말라국 악갈라바 탑묘에서 수행승들이 천신들의 처소인 숲을 베어 절을 지으려 하자 천신들이 부처님께 호소하는 노래를 불렀다.

  뱀의 독이 퍼질 때 약초로 다스리듯
  이미 생겨난 분노를 극복하는 자,

  연꽃의 줄기를 꺾듯이
  탐독을 남김없이 끊어 버린 자,

  흘러가는 급류를 말려 버리듯
  탐심을 남김없이 끊어 버린 자,

  커다란 홍수가 연약한 갈대 다리를 부수어버리듯
  자만을 남김없이 끊어 버린 자,

무화과 꽃은 찾아도 얻지 못하듯
존재 가운데서 어떤 체(體)도 발견하지 못하는 자,

안으로 성남이 없고
밖으로 세상의 존재와 비존재를 뛰어 넘은 자,

모든 사음을 불살라
남김없이 안으로 잘 제어하는 자,

치달리지도 않고 뒤처지지도 않고
어떤 기로(崎路)이든 뛰어넘고 허망을 알아
탐욕, 욕망, 미움, 어리석음을 다 버린 자,

어떠한 잠재적 영향도 지니지 않고
악하고 불건전한 뿌리를 뽑아 버린 자,

존재에 속박되는 원인과 작용이
어떠한 욕망의 숲도 생기지 않게 하는 자,

다섯 가지 장애를 버리고
동요없이 의혹을 넘어 아상을 뽑아 버린 자,

이것은 뱀을 섬기는 원주민들이
부처님을 칭찬한 노래다.
이 노래를 듣고 부처님 제자들은 부처님이
말리기 이전에 숲을 벌채해서
절 짓는 일을 그만 두었다.

뱀을 섬기는 사족(蛇足)들이 이러했거든
부처님 당시 인도인들의
수준이 어떠했던가를 짐작 할 수 있다.

2. 다니아와 부처님

목동 다니아의 노래를 듣고 부처님은
다음과 같이
노래로 대구(對句)하였다.

목동 다니아의 노래

나는 이미 밥을 지었고
우유를 짜 놓았고
마히강변에서
가족과 함께 살고 있다.

움막에는 지붕이 잘 덮여 있고
불이 켜져 있으니
하늘이여, 비를 뿌리려거든 뿌리소서.

부처님의 대구(對句)

분노는 떠났고
마음의 황무지는 사라졌으며
마히강 언덕에서
하룻밤을 지내면서
내 움막(身)은 열리고
나의 불(貪)은 꺼졌으니
하늘이여, 비를 뿌리려거든 뿌리소서

목동 다니아의 노래

쇠파리, 모기 없고
소들은 강 늪에
우거진 풀 위를 거니는데
비가 와도 견딜만 하니
하늘이여, 비를 뿌리려거든 뿌리소서.

부처님 대구(對句)

내 뗏목은 잘 엮어져 있어

거센 흐름 이기고

저 언덕에 이르러

더 이상 뗏목이 소용없게 되었으니

하늘이여, 비를 뿌리려거든 뿌리소서.

다니아의 노래

내 아내는 조순하고

탐욕스럽지 않아

오랜 세월 함께 살아도

내 마음에 들고

그녀에게 어떤 악도

있다는 말을 듣지 아니했으니

하늘이여, 비를 뿌리려거든 뿌리소서.

부처님의 대구(對句)

내 마음은 온순하여
해탈되었고
오랫동안 잘 닦여지고
잘 다스려졌으니
나에게서 어떤 악도
찾아볼 수 없으니
하늘이여, 비를 뿌리려거든 뿌리소서.

다니아의 노래

나는 노동의 댓가로 살아가고
건강한 자식들과 함께 지내니
그들에게 어떤 악이 있다는
말을 듣지 아니 했으니
하늘이여, 비를 뿌리려거든 뿌리소서.

부처님의 대구(對句)

나는 누구에게도
댓가를 바라지 않아
내가 얻은 것으로
온 누리를 유행하므로
하늘이여, 비를 뿌리려거든 뿌리소서.

다니아의 노래

다 자란 송아지 있고
젖먹이 송아지도 있으며
새끼 밴 어미소 뿐 아니라
다 자란 암소, 황소도 있으니
하늘이여, 비를 뿌리려거든 뿌리소서.

부처님 대구(對句)

다 자란 송아지도 없고
젖먹이 송아지도 없으며
새끼 밴 어미소 뿐 아니라
다 자란 암소, 황소도 없으니
하늘이여, 비를 뿌리려거든 뿌리소서.

다니아의 노래

말뚝은 깊이 박혀 흔들리지 않고
문자풀(文資草)로 만든
새 밧줄은 잘 꼬여 있어
젖먹는 어린 소가
끊을 수 없으니
하늘이여, 비를 뿌리려거든 뿌리소서.

부처님의 대구(對句)

황소처럼 속박을 끊고
코끼리처럼 냄새나는
넝쿨을 짓밟아
나는 다시 모태에 들지
않을 것이니
하늘이여, 비를 뿌리려거든 뿌리소서.

다니아의 노래

우리는 거룩한 스승을 만나
얻은 바가 참으로 큽니다.
눈 갖춘 님이시여
우리는 당신에게 귀의합니다.
아내도 저도 순종하면서
바른 길을 잘 가신 님 곁에서
바른 삶을 살겠으니
생사 피안에 이르러 괴로움 끝나게 하옵소서.

〈다니아경〉

3. 악마 빠삐만과 부처님

악마

자식있는 자는 자식으로 인하여 기뻐하고
소 가진 자는 소로 인하여 기뻐한다.
집착의 대상으로 말미암아 사람에게 기쁨이 있으니
집착없는 사람에겐 기쁨도 없을 것일세...

부처님

자식있는 자는 자식으로 인하여 슬퍼하고
소를 가진 자는 소로 인하여 슬퍼한다.
집착의 대상으로 인해 사람에게 슬픔이 있나니
집착없는 사람에겐 슬픔도 없으려니...

악마

어떻게 살아야 기쁨도 슬픔도 없으면서
괴로움과 번뇌에서 벗어나
항상 즐겁게 살 수 있을까요?
부처님은 소뿔처럼 살라 하였다.

모든 존재에게 폭력을 쓰지 말고
상처를 주지 말며
자녀와 동료를 원하지 말고
무소의 뿔처럼 혼자서 살라.

교제에서 애고(愛苦)가 생기나니
이를 살펴 무소의 뿔처럼 살아가라.
우정으로 인하여 유익함을 잃나니
사교의 두려움을 살펴
무소의 뿔처럼 혼자서 살라.

가족에 대한 기대는
뻗은 대나무가 엉킬 것 같으니
대순이 서로 달라붙지 않듯이
무소의 뿔처럼 혼자서 살라.

동료들과 지내면
가나 오나 항상 요구가 있나니
자유로운 삶을 추구하거늘
무소의 뿔처럼 혼자서 살라.

동료에서 유희와 환락이
자손에서 큰 애착이 생기나니
사랑하는 이와 헤어지기 싫으면
무소의 뿔처럼 혼자서 가라.

사방을 닦아 적의가 없이
무엇이나 얻는 것으로 만족하고
위험을 극복하여 두려움 없이
무소의 뿔처럼 혼자서 살라.

어떤 이는 출가해도 섭수가 어렵고
재가자와 같으니
남의 자식에게 관심두지 말고
무소의 뿔처럼 혼자서 살라.

흑단잎이 지듯 영웅으로서
재가 특징을 없애버리고
재가의 속박들을 끊고
무소의 뿔처럼 혼자서 가라.

어질고 단호한 동반자와 함께하면
어떤 난관도 극복하리니
기쁘게 새김을 확립하여
그와 함께 가라.

훌륭하고 비슷한 친구를 사귀되
이런 벗을 만나지 못하면
허물 없음을 즐기며
무소의 뿔처럼 혼자서 살라.

이와 같이 두 사람이 있으면
말다툼이 일어나리니
이러한 두려움을 잘 살펴
무소의 뿔처럼 혼자서 가라.

감각적 쾌락은 다양하고
달콤하나 마음을 혼란 시킨다.
이러한 위험을 보고 알아
무소의 뿔처럼 혼자서 가라.

이것이 너의 고뇌, 종기, 재난,
질병, 공포이다.
이러한 위험을 보고 알아
무소의 뿔처럼 혼자서 살라.

추위와 더위, 굶주림과 갈증
바람의 열기와 쇠파리와 뱀,
이러한 모든 것을 극복하려면
무소의 뿔처럼 혼자서 살라.

어깨가 벌어진 장엄한 코끼리가

무리를 떠나 즐기며

숲속을 유유히 거닐 듯

무소의 뿔처럼 혼자서 가라.

사교 모임에 탐착하면

일시적인 해탈에도 이를 수 없으니

태양의 후예의 말씀 명심하여

무소의 뿔처럼 혼자서 살라.

견해의 계곡을 넘어

감각을 제어하니 궁극의 지혜가 생겨

남에게 이끌릴 필요가 없으니

무소의 뿔처럼 혼자서 살라.

4. 비구니스님들과 부처님

마하파자빠띠 비구니의 호소

부처님의 이모 마하파자빠띠가 함께 출가한
석가족 출신 비구니 1백여 명과 함께 찾아왔다.

"부처님 저는 부처님의 깨달음을
의심없이 믿기 때문에 시키는 대로 들었습니다.
그러나 난다의 애인 키사코타미를 비롯하여
많은 석가족 출신 여인들은 원망하는 사람들이
많습니다. 어떻게 살아야 이런 어려움을
이겨낼 수 있을 것 같습니까?"

"내가 처음 성도 후 세상을 살펴보니 세상은 생존 경
쟁이라 머지 않아 인도의 작은 나라들이 장차 마가다
국으로 통일되어 살게 될 것을 예측하게 되었습니다.

그래서 여성들의 출가생활은 매우 어려운 일이지만 한번 참고 이겨내면 영원히 즐거운 일이 있을 것 같아 거듭 출가를 말렸는데 아난존자의 권유에 의하여 출가가 허락된 것입니다.”

　“오늘 살다가 내일 죽는 한이 있더라도 저희들 삶은 저희들 삶대로 이겨 나갈 수 있다고 생각하는데 부처님께서는 난다의 출가를 강요하여 그 자리를 삼촌이 올라 가비라국의 임금님이 된 것이 아닙니까?”

　“그렇습니다. 그렇지만 유리태자는 가비라국을 대원수의 나라로 생각하고 있고 어머니 마야부인은 이 세상에 한번 태어난 것이 아니라 77억 부처님의 어머니가 되면서 자식을 낳은 지 7일만에 돌아가셨지만 지금은 도리천상에 계시면서 보살도를 실천하고 있습니다.

　이모님께서도 잘 참고 이겨내면 내가 어떻게 이런 운명에 처해 있는가 하는 생각을 가지게 될 것입니다.
　사위성 임금님께서 비구니 사찰을 왕궁 옆에 지어주

기로 하였으니 조용히 참고 이겨내십시오.”

하고 다음과 같은 시를 일러주었다.

탐욕, 속임, 갈망, 위선이 없이
혼탁과 미혹을 태워버리고
세상의 온갖 바람에서 벗어나
무소의 뿔처럼 혼자서 살라.

그릇되고, 사악하고,
격정적이고,
방일한 친구를 멀리하고
무소의 뿔처럼 혼자서 살라.

널리 배워 가르침을 새기고
고매하고 현명한 자와 사귀고
유익을 알아 의혹을 제거하며
무소의 뿔처럼 혼자서 살라.

키사코타미가 말했다.

"저는 제 약혼식 날 난다서방님이 출가한 것을 보고
내 팔자가 그것 밖에 안 되는구나 단념하였습니다.
어머니를 따라 저도 잘 참고 이겨내겠습니다."

부처님께서 말씀하였다.

"조금 있으면 7개국 임금님들의 부인들이 출가하여
해야 할 일이 더 많아 질 것이니 각오하고 있어야 한다."

하시고 다음과 같이 시를 읊었다.

유희, 오락에 관심을 두지 않고
꾸밈을 여의고
진실을 말하면서
무소의 뿔처럼 혼자서 가라.

가족, 재산, 곡식, 친지,

모든 쾌락의 경계까지도

다 버리고

무소의 뿔처럼 혼자서 가라.

"이것은 집착이다, 이곳엔 행복이 없다.

만족은 적고 괴로움이 많다.

이것은 낚시 바늘이다." 라고 알아

현자는 무소의 뿔처럼 혼자서 가라.

물고기가 그물을 찢는 것처럼

모든 장애들을 끊어버리고

불꽃이 불탄 곳으로 되돌아가지 않는 것처럼

무소의 뿔처럼 혼자서 가라.

두 눈을 아래로 하여 새기며 경솔하게 걷지 말고
감관을 지키고 정신을 수호하며
번뇌를 넘치게 하거나 번뇌에 불타지도 않게
무소의 뿔처럼 혼자서 가라.

산호나무의 잎이 지듯
재가자의 특징을 버리고
출가하여 가사를 걸치고
무소의 뿔처럼 혼자서 가라.

맛에 탐착하거나 동요하지 않고
부양해야 하는 동료없이
집집마다 차례로 밥을 빌되 이 집, 저 집에
마음이 묶이지 않고
무소의 뿔처럼 혼자서 가라.

해태, 의심, 분노, 회한, 탐애의 장애를 끊고
모든 번뇌를 잘라버려 의존하지 않고
갈애의 허물을 끊어버리고
무소의 뿔처럼 혼자서 가라.

이전의 즐거움과 괴로움, 만족에
불만을 벗어버리고
평정, 고요, 청정을 얻어
무소의 뿔처럼 혼자서 가라.

최상의 진리를 성취하려
부지런히 정진하며 살고
확고한 정진, 견고한 힘을 갖춰
무소의 뿔처럼 혼자서 가라.

홀로 앉아 선정에 들어
모든 일을 항상 법답게 행하며
존재의 위험을 바로 알아
무소의 뿔처럼 혼자서 가라.

갈애를 없애려면 나태하지 말고, 바보가 되지 말며
배우고 새김을 확립하고
가르침을 헤아려 정진하면서
무소의 뿔처럼 혼자서 가라.

소리에 놀라지 않는 사자,
그물에 걸리지 않는 바람처럼
물에 때묻지 않는 연꽃처럼
무소의 뿔저럼 혼자서 가라.

이빨이 억센 짐승의 왕이 된 사자가
제압하고 승리하듯이
외딴 곳에 설 자리를 마련하듯
무소의 뿔처럼 혼자서 가라.

해탈로 이끄는 자애와 연민과
기쁨과 평정을 실천하며
세상으로부터 방해받지 말고
무소의 뿔처럼 혼자서 가라.

탐욕과 성냄과 어리석음을 버리고
모든 장애들을 부수고
목숨을 잃더라도 두려워 말고
무소의 뿔처럼 혼자서 가라.

친구란 이익을 꾀하여 사귀고 의존하니

조건없는 벗들은 드물다.

이익에 밝아 청정하지 못하니

무소의 뿔처럼 혼자서 가라.

〈무소의 뿔경〉

키사코타미는 부처님의 노래를

마음속 깊이 새겨 장차 7백

비구니의 스승으로서 이 노래를 가르쳤다.

5. 부호농부와 부처님

어느 때 세존께서 다끼나기리 에까날라 바라문 마을 마가다인들 사이에 계셨다. 그때 바라문 까씨 바라드와자가 파종하기 위해 500개의 쟁기에 멍에를 묶고 있었다.

부처님께서 그의 집으로 탁발을 가니 그가 꾸짖듯 말했다.

"당신도 밭을 갈고 씨를 뿌리고 드십시오."

"나도 밭갈이 하고 씨를 뿌리고 먹습니다."

"쟁기도 소도 보이지 않는데요."

"믿음은 씨앗이고 감관의 수호가 되며,

지혜는 멍에고 쟁기이며,

부끄러움은 자루이고 정신은 끈입니다.

새김은 나의 쟁깃날이고 몰이 막대입니다.

몸과 말을 수호하고 몸에 맞는 음식의 양을 알고 먹어

진실한 마음으로 잡초를 제거하고

온화함의 결실을 얻습니다.

속박에서 평온으로 이끄는 정진,
이것이 나의 황소입니다.
슬픔없는 곳에 이르러 다시 돌아오지 않나니
누구나 이렇게 밭을 갈면 불사(不死)의 열매를 거두고
모든 고통에서 벗어납니다.”

바라드와자는 청동그릇에
유미죽을 가득 채워 가져왔다.
“당신이야말로 진실로 밭을 가는 농부입니다. 저에
게 불사의 과보를 얻게 하였으므로 공양하오니 받아
주십시오.”
“나는 댓가 있는 음식은 먹지 않습니다. 아무 생명도
없는 물에 버리십시오.”
순간 거품이 일고 부글부글 끓는 소리를 나더니 불
길이 솟아올랐다. 놀란 바라드와자는 그 자리에 엎드
려 참회하고 출가하였다.

〈까씨 바라드와자경〉

바라드와자가 부처님께 물었다.

"어떤 사람이 천한 사람입니까?"

"화를 잘 내고 원한을 지니고 악독,
시기하고 소견이 그릇되어 속이기를 잘하는 사람,

산 생명을 해치고 자비심이 부족한 사람,
도시를 파괴하고 약탈하면서 압제자로
주지 않는 것을 빼앗고 진 빚을 발뺌하고,
물건을 탐내어 행인을 살해하고
거짓으로 증언하는 사람,

폭력적인 사람으로 부적절한 관계를 맺거나,
늙은 부모를 봉양하지 않는 사람,
형제, 부모를 때리고 욕하고 악한 일을 하고도
뉘우칠 줄 모르는 사람,
환대를 받고도 대접하지 않는 사람,

성직자나 수행자를 속이고 공양할 줄 모르는 사람,
자기를 칭찬하고 타인을 경멸하며

스스로 교만에 빠진 사람,

부끄러워할 줄 모르고 창피를 모르는 사람,

남을 비방하고 헐뜯는 사람,

거룩하지 아니한 것을 거룩하다 속이는 사람이

천한 사람이다."

〈천한 사람경〉

6. 수행자(修行者)

대장장이 아들 춘다가 물었다.
"세상에는 어떠한 수행자가 있습니까?"
① 길을 아는 자
② 길을 가리키는 자
③ 길 위에 사는 자
④ 길을 더럽히는 자,
등 네 가지 수행자가 있다.

"길을 아는 자는 누구입니까?"
"의혹을 건너고 세속을 떠나 열반을 즐기며
탐욕을 버리고 신들을 거룩한 세계로 안내하는 사람
이다.
이 같은 내용을 알고 의혹을 버리고
동요하지 않는 해탈자라면 두 번째 수행자이고,

새김을 확립하고 자제, 허물없는 길을 가면
세 번째 수행자고,

맹세한 계율을 잘 지키고,

가문을 더럽히지 않고, 오만 없이 깨끗한 삶을 살면

그것이 네 번째 수행자이다."

〈대장장이 아들 춘다경〉

그때 부처님이 아나타삔디까 승원에 돌아와
수행승들에게 말씀하셨다.

"일에 능숙하여 평정을 얻고자 하는 자는 정직,
고결하고 상냥, 온유하며 교만하지 말라.

만족할 줄 알아 남이 공양하기 쉬워야 하고
분주하지 않고 간소한 생활로
몸과 마음을 슬기롭게 하여
가정이나 사회에 무모하게 집착하지 말라.

다른 양식있는 사람들의 비난을 받지 않게 행동하고
안락, 평화롭게 행동하라.

어머니가 독자 아들을 보살피듯 모든 생명들을
행복하게 보살피고 속이지 말고
헐뜯지 말고 사랑하라."

〈자애경〉

7. 야차 싸따기라와 부처님

야차 싸따기라와 헤마바따가
포살일(보름날 밤) 부처님에 대하여 말하였다.

"부처님은 모든 생명에 대해 마음을 정립하고
좋고 싫은 것에 대해서도 잘 다스리고 주지 않는 것
빼앗지 않고, 방일을 떠나 선정에 들어있으며
거짓말과 꾸미는 말 하지 않고 쾌락에 물들지 않아
마음이 깨끗하고 어리석음에서 벗어났다."

"명지를 갖추어 번뇌를 소멸하고 언어와 행동이 성
자답고 사슴 같이 정강이는 여위었으나 강건하고 온
갖 욕망을 돌아보지 않고 무엇에도 걸림없는 분이니
그분께 찾아가서 진리의 말씀을 듣자."

그리고는 부처님께 가서 물었다.
"세존이시여, 무엇에 의하여 세상이 생겨납니까?"

"6감에 의해서 세상이 생겨나고 그의 집착 때문에 해를 입고 있다."

"거기서 벗어나려면 어떻게 해야 합니까?"

"6감에 의한 쾌락과 욕망을 버리고 정신적 탐욕에서 벗어나야 한다."

"누가 거센 물결을 건너갑니까?"

"계행, 지혜를 갖춘 삼매에 들어 새김을 확립한 자다."

천명의 야차들이 모두 부처님께 귀의하고 그 위없는 가르침을 공경하였다.

〈헤미바따경〉

8. 알라비국의 알라바까 야차

　부처님께서 알라비국 알라바까의 야차 처소에 계실 때 알라바까가 부처님을 세 번 들락날락하게 하며 회롱하였다.

　부처님은 네 번째에 말씀하셨다.

　"나는 더 이상 나가지 않겠으니 그대 할 일이나 하시오."

　"수행자여, 그대에게 묻겠습니다. 잘못 가르쳐 주면 심장을 찢고 두 다리를 잡아 강 가운데 던지겠습니다. 이 세상에 으뜸가는 안락과 맛과 생활이 무엇입니까?"

　"믿음이 으뜸가는 재산이고 가르침대로 살면 안락을 얻고 진실함이 맛 중의 맛이며 지혜롭게 사는 것이 으뜸입니다."

　"어떻게 해야 지혜, 재물, 명성, 친교를 얻고 슬픔을 여읠 수 있습니까?"

"열반을 위해 배우려는 열망을 통해 지혜를 얻고, 알맞은 일을 하고, 멍에를 지고 열심히 노력하면 재물을 얻고, 진실하면 명성을 떨치고, 보시하면 친교를 얻습니다.

재가신도도 진실, 진리, 결단, 보시,
이 네 가지 원리를 갖추면
내세에도 걱정이 없습니다.
이보다 나은 것이 있다면
그것은 널리 수행자나 바라문들에게 물어보십시오."

"어찌 다른 자에게 물을 필요가 있겠습니까? 커다란 과보가 있는 가르침을 받았음을 분명히 알았으니 올바로 깨달은 님과 뛰어난 가르침에 예경하며 귀의합니다."

〈알라바까경〉

9. 승리의 월계관

부처님께서 감각적 쾌락을 이겨내는
방법을 말씀하셨다.
"행주좌와 어묵동정(行住坐臥 語默動靜)간에
서른여섯 가지 감각기관의 무상함을 깨우치면
그것이 부정관이다. 몸에 대한 욕망을 떠나 집착하
지 않으면 승리할 수 있다."

〈승리경〉

10. 재가자의 삶

친밀한데서 두려움이 생기고
거처에서 먼지가 생겨난다.
생겨난 것을 버리고 새로 심지 않고
근본의 씨앗을 부수고 그것에 물을 주지 말라.

모든 존재의 처소에 대해 알아
어떤 것도 버리지 않으면
탐욕을 떠난 무욕의 성자가 될 것이다.

힘은 지혜에서 나오니
계행과 덕행을 쌓아 삼매에 들라.
선정을 즐기며 새김이 있고 집착을 벗어나면
황무지가 없고 번뇌를 여읜 성자가 될 것이다.

극단적인 말을 들어도
목욕탕의 기둥이나 베틀의 북처럼

자신을 확립하고 악행을 싫어하면

칭찬도 욕도 하지 않는

해탈한 성자가 될 것이다.

재가자는 가족을 부양하고

남의 생명을 해치는 것을 삼가기 어렵지만

성자는 내 것이 없어 항상 삼가며 남의 목숨을 보호

한다.

공작새가 백조의 빠름을 따라 잡을 수 없듯이

재가자는 성자에게 미치지 못한다.

〈성자경〉

11. 최상의 축복

한 선인이 물었다.
"최상의 축복이 무엇입니까?"
"어리석은 사람을 사귀지 않고
슬기로운 사람을 사귀고
존경할 만한 사람을 공경하면
이것이 더 없는 축복이다.

분수에 맞게 살고,
공덕을 쌓아 바른 서원을 세우고
많이 배우고 익히며
절제하고 훈련하여
의미있는 대화를 나누면
이것이 더 없는 축복이다.

가족을 돌보고 혼란스럽게 일하지 않고,
나누어 주고 정의롭게 살며 친지를 보호하고

비난 받지 않게 살면
이것이 더 없는 축복이다.

악행을 멀리 하고 술을 절제하며,
존경하고 겸손하고 인내하고 온화하며
가르침에 정진하는 것,

감관을 수호하여 청정하게 살며
진리를 관조하여 열반을 이루면
세상일에 마음이 흔들리지 않고
슬픔도 티끌도 없이 안온하면 이것이 축복이다.

이 길을 따르면 어디서든 성공하고 번영하리니
이것이야 말로 더 없는 축복이다.

〈위대한 축복경〉

12. 재가불자의 수칙(修則)

부처님은 또 재가신자들에게 말했다.
"누군가에게 배워 진리를 알게 되었으면
그를 마치 하늘 사람이 제석천을 섬기듯 하십시오.
무지한 사람이 유식한 사람을 가까이 하면
진리를 밝힐 것입니다.

누구나 배움을 가까이 하면
첫째, 식견이 열려 지혜로워질 것이요,
둘째, 의미를 알아 질투심이 없어질 것입니다.
셋째, 거센 물결은 자연과 사람을 폐해할 뿐
도움을 주지 못합니다.

그러나 현자의 나룻배는 키만 잡으면
많은 생명을 구하게 됩니다.
넷째, 지혜에 통달하고 자신을 수양한 사람은
배웠기 때문에 동요하지 않고

가르침을 귀 기울여 따르는 사람을 깨우칠 수 있습
니다.

다섯째, 그래서 현명하고 배운 사람이라 존경하고
사랑했던 것입니다.

〈나룻배경〉

13. 5계 10선

세상의 계행에는 여러 가지가 있지만
5계 10선을 능가하는 것이 없으니
손위 사람을 공경하고 시기하지 말라.
바른 시간에 스승을 만나 명료하게 배워
지성인이 되어야 합니다.

고집을 버리고 겸허한 태도로
때에 맞춰 스승을 섬기고 가르침을 비방하지 말고
웃음, 농담, 비탄, 성냄, 그리고 허위, 사기, 탐욕,
오만, 격분, 폭언, 오염, 탐욕을 버리고
광기를 부려서는 아니 됩니다.

〈계행경〉

14. 박힌 화살을 뽑으라

일어나서 앉아라.

화살에 맞아 고통을 받아 괴로운 자에게

잠이 웬 말인가.

철저히 배워 죽음의 현혹을 피하고

애착에서 벗어나라.

찰나를 헛되이 보내면 지옥에 떨어져 슬퍼한다.

방일하지 않고 명지로써

자신에게 박힌 화살을 뽑아라.

〈용맹정진경〉

15. 재가수행자의 삶

담미까가 500명의 신도를 거느리고
아나타삔디까 승원을 찾아와 부처님께 물었다.
"광대한 지혜를 갖춘 고따마시여,
가르침을 받으려는 사람은 출가하는 것과
재가자로 있는 것, 어느 쪽이 더 좋은 것입니까?
에라바나의 코끼리 왕, 비사문천왕 꾸베라도
당신의 가르침을 받고 매우 기뻐하였습니다.

논쟁을 일삼는 어떤 이교도라도
서 있는 자가 달리는 자를 앞서지 못하듯
당신을 넘어설 수 없고 그들조차 모두들 해결을
얻고자 당신에게 지대한 관심을 갖습니다.
당신께 간절히 듣고자 원하오니 설해주십시오.
위없는 깨달은 님이시여."

"수행승들은 때 아닌 때 돌아다니면 안 되고

때 맞추어 탁발한 뒤 모든 감각을 청소하고
조용히 지내다 혹 이야기 할 기회가 오면
훌륭한 가르침을 말하고 남을 비방해서는 안 되며
연꽃잎에 구르는 물방울처럼 더럽혀지는 일이 없어
야 한다.

재가자들은 살생, 폭력, 도둑질, 사음, 거짓말,
근거없는 말, 술을 멀리하고
꽃다발과 향수로 지나치게 몸을 치장하지 말고
깔개를 간 바닥이나 침상에서 자야 한다.

포살을 닦아 보시하고 부모님을 잘 섬기며
올바른 직업에 종사하여
방일하지 않게 사는 재가자는
스스로 빛나는 신들의 세계에 이르리라."

〈담미까경〉

16. 출가자의 행

아난다가 눈을 갖춘 님의 출가에 대해 이야기하였다.
"재가의 삶은 번잡하고 티끌 쌓이는 장소입니다.
그러나 출가는 자유로운 공간과 같습니다.
그는 이와 같이 보고 출가하였습니다.

그는 몸과 입과 뜻의 악행을 피해
아주 청정한 생활을 하였습니다.
그는 라자가하 시로 가서 탁발하고
빠다바 산의 굴에 자리 잡았습니다.

빔비사라 왕이 그를 찾아와
그의 젊고 귀하고 수려한 용모를 찬양하고
코끼리 무리가 시중드는 군대를 선물하며
그의 태생을 물었습니다.

"히말라야 중턱의 꼬쌀라국 태생이며

씨족은 아딧짜, 종족은 싸기야입니다.
가문에서 감각적 욕망을 구하지 않고
왕이여, 나는 출가한 것입니다.”

〈출가경〉

17. 부처님의 무소유 생활

부처님은 나라와 땅, 애인과 재물,
그 어떤 것을 준다 해도 그 어느 것도 소용없다 하시
고 네란자라 강변에 이르러 6년을 고행하신 뒤
위 없는 깨달음을 얻으셨다.

온갖 것을 가지고 마음대로 희롱하는 나무치(악마)
가 다미, 희소, 열비를 보내 유혹하였으나 듣지 않자
자신이 1억 8천의 군대를 거느리고 가 격전을 벌였으
나 역시 패배하고 낙심하여 그 자리에서 사라지고 말
았다.

덕담만 하고 악담하지 않으며,
가르침을 말하고 그 외의 것을 말하지 않으며,
사랑스러운 말만 하고 그렇지 않은 말은 하지 않으
며, 진실만을 말하고 거짓을 말하지 않는다.

이 네 가지 특징을 갖춘 말은

비난받고 질책 받지 않는다.

〈섭법경〉

18. 쑨다리카의 출가

부처님이 위없는 깨달음을 얻고
평화롭게 앉아 있을 때
바라문 쑨다리카가 와서 제사 지낼 때
어디에 헌공하면 좋을지 물었다.

"어디에 헌공해야 큰 공덕을 받습니까?"
"출생이 아닌 행위가 지혜롭고 고귀한 님,
깨달아 의심이 없는 님에게 공양하면
최고의 공덕을 지을 수 있습니다."

쑨다리카는 그 자리에서 출가하여 구족계를 받고
훌륭한 법제자가 되었다.

〈쑨다리카 바라드와지경〉

19. 야차 수찔로마와 장로 바라문

야차 수찔로마가 부처님을 만지며 말했다.
"나를 두려워하십니까?"
"나는 두려워하지는 않지만 기분은 별로 좋지 않다."
"나는 당신을 미치게 할 수도 있고
심장을 찢어 갠지스강에 던져버릴 수도 있습니다."

"어느 누구도 나를 미치게 할 수 있는 자는 없다."
"탐욕과 마음은 어느 곳에서 옵니까?
"칡이 숲속을 퍼져 나가듯 감각적 쾌락에서 온다.
근원을 아는 사람들은 그 원인을 없애
거센 흐름을 건너 다시는 태어나지 않는다."

〈수찔로마경〉

20. 위대한 재보

"위없는 재보는 정의롭고 순결한 삶에서 온다.
거친 말, 논쟁, 무명에 이끌리면
타락하여 깨끗해지기 어려우니
이들은 수행의 초원에서 악을 행하고 있다.

그대들은 화합하여 쌀겨처럼
그를 키질하여 날려버려라.
청정한 자와 어울리며 서로 화합하여
슬기롭게 괴로움의 종식을 이루리라."

부처님께서 아나타삔디까 승원에 계실 때
장로 바라문들이 와서 물었다.
"현재 바라문들이 옛 바라문 도를
그대로 실천하고 있다고 보십니까?"

"옛 선인들은 자신을 다스리는 고행자로

감각과 쾌락을 버리고
자기의 참된 이익을 위해 유행하였습니다."

가축, 황금, 곡식도 갖지 않고
베다의 독송을 재보와 곡식으로 삼아
하느님의 보물을 지켰습니다.

좋은 옷을 입은 지방장관들은
모두 바라문들께 와서 경의를 표하고
행동을 본받아 청정한 삶을 실천하였습니다.

소를 잡지 않고 모여진 쌀로 제사를 지냈으며
소에게서 생기는 우유와 버터,
야쿠르트를 약으로 썼습니다.

바라문들은 손발이 부드럽고 몸이 컸으며
용모가 단정하고 명성이 있고 몸소 실천하며
해야 할 일은 하고 해서는 안 될 일은 하지 않아
그들이 있는 동안 세상 사람들은

안락하고 번영했습니다.

그런데 세속 왕자들과 부인들의 화려한 모습을 보고
단장한 영화를 누리는 바라문들이 생겨났고
수 놓아진 준마가 이끄는 수레, 식량이 가득 찬
여러 개의 방으로 나누어진 주택을
사용하게 되었습니다.

재물에 둘러싸여 막대한 부를 누릴수록
갈애가 늘어난 그들은 베다의 진언을 편찬하여
다시 옥까까 왕을 찾아 갔습니다.

그래서 왕은 바라문들의 권유를 따라
말, 소, 인간의 희생제를 지내고,
쏘마를 마시고, 아무에게나 제사를 지내고 나서는
바라문에게 재물을 주었습니다.

많은 가축을 살해한 까닭에
이전에는 없던 병이 많이 생겨나고,

불의와 폭력이 나타났으며,

노예와 평민이 나누어지고, 왕족은 분열하고,
아내는 지아비를 경멸하고,
수호받던 자들조차 윤리를 버리고
쾌락의 욕망에 사로잡혔습니다."

이 말씀을 듣고 대부호 바라문들이
부처님께 말씀드렸다.
"당신은 넘어진 것을 일으켜 세우고
가려진 것을 열어보이고 어둠 속에
등불을 밝혀 주었습니다.
오늘부터 세존께 목숨바쳐 귀의하겠습니다."

〈바라문경〉

21. 베살리성에서 악귀를 몰아내면서

부처님께서 베살리에서
악귀들을 쫓아내며 말씀하셨다.
지상에 있는 것이건 공중에 있는 것이건
모든 존재는 행복하라.
베푸는 자에게 자비를 베풀고 방일하지 말고
그들을 수호하라.

싸끼야족 성자가 얻은 것과 같은 삼매를 얻으면
그 속에 훌륭한 보배가 있다.
4쌍 8배가 그 속에서 이루어지고
해탈 열반이 그 속에서 얻어진다.

단단한 기둥이 땅에 서 있는 것처럼
멀리 바라보고 살피면 악은 물러서고
선을 향하게 되어 사람들과 신들에게
사랑과 존경을 받을 것이다.　　　　　〈보배경〉

22. 바라문 띳사

설산에서 야생수수, 풀씨, 콩, 열매, 뿌리만 먹고 살던
수행승 띳싸가 깟싸빠 부처님께서 고기를 먹는다는
소리를 듣고 혐오하였다.

"잘 준비된 맛있는 음식과 쌀밥을 즐긴다면
이것은 비린 것을 즐긴 것입니다."

"살생하고, 학대하고, 자르고, 묶고, 도둑질,
거짓말, 사기, 부정행을 하는 것이 비린 것이고,
감각적 쾌락에 빠져 맛있는 음식을 탐하고
부정에 빠져 허무한 견해를 갖고
바르지 못한 가르침을 하는 것이 비린 것이고,

거칠고 잔혹하고, 험담하며 친구를 배신하고,
오만하고, 인색한 것, 5계 10선을 지키지 않는 것이
비린 것이지 기름진 음식이 비린 것이 아닙니다.

단식하고 벌거벗고, 삭발하고,

상투 틀고, 먼지를 뒤집어쓰고,

거친 옷을 입고, 불을 섬기고,

고행하고, 진언을 외우고, 헌공하고, 제사를 지내고,

수련을 하여도 모든 의혹을 여의지 못한 자를

청정하게 할 수 없습니다.

진리에 입각해서 바른 것을 즐기고

집착을 뛰어넘어 모든 고통을 버리면

보이는 것과 들리는 것 속에서 더럽혀지지 않습니다.”

바라문 떳싸는 이 법문을 듣고

5백 명의 제자들과 불교에 귀의하여

얼마 가지 않아 아라한과를 얻었다.

〈아마간다경〉

23. 참괴경(慚愧經)

부끄러움을 모르고

말만 앞세워 도맡아 돕지 않고

벗의 결점만 보는 사람은 친구가 아니고,

아들이 아빠에게 안기듯 의지하고

남 때문에 금 가지 않는 사람이야말로 친구이다."

멀리 여의고, 고요하게 진리의 기쁨을 누리는 사람
은 고뇌를 떠나고 악을 떠난다.

〈부끄러움경〉

24. 라훌라와 시인 방기사

부처님께서 라훌라에게 말씀하셨다.
"늘 함께 있다고 현명한 사람들을
무시하는 게 아니냐?"
"늘 존경하며 횃불처럼 섬깁니다."

"믿음을 가지고 사랑스럽고 즐겁게 모시면
괴로움이 종식되리라.

친구를 사귀되 어진 사람을 사귀고
인적없는 외딴 곳,
고요한 곳에서 식사량을 조절하고

얻은 것을 나누어 쓰고,
몸에 새김하여 감각에 물들지 않도록 하라.
잠재적 성찰로 교만하지 말라."

라훌라는 마음을 하나로 집중하여 무슨 일이든

흔적없이 하여 밀행제일 라훌라 존자가 되었다.

〈라훌라경〉

그때 시인 방기사가 부처님께서 알레바국 악갈라바 탑묘에 계실 때 스승 니그로다 깝빠의 묘 앞에 와서 명상하다가 의심하였다.

　　"과연 나의 스승 깝빠는 완전한 열반에 드신 것입니까?"

　　부처님께서 방기사의 질문을 받고 말씀하셨다.

　　"세상의 정신과 육체에 대한 갈애를 끊어버리고 흐름없는 세계에 들어갔다. 그에게는 다시 생사가 없을 것이다."

〈방기사경〉

25. 상투 튼 고행자와 바라문 학
인들

어느 때 부처님께서 앙굿따라빠에 유행하실 때
아빠나 마을에 도착하니 상투를 튼
고행자 께니야가 청했다.

"내일 저희 집에 오셔서 공양을 받아 주십시오.
숫자가 많고 적고 가리지 않겠습니다."

께니야와 함께 지내는 고행자들이
부처님이 거느린 1200명의 수행승 무리를 위해
화덕을 파고 장작을 패고, 그릇을 씻고,
흰 천막을 만들며 바쁘게 공양 준비를 하였다.

그 모습을 본 어휘, 의궤, 음운, 어원, 고전에 능한
쎌라바라문이 께니야에게서
깨달은 님이 오셨다는 말을 듣고

부처님이 계신 푸른 숲으로
300명의 바라문 학인들을 거느리고 갔다.

부처님께서 쎌라가
자신의 32상 80종호를 확인하러 온 줄 알고
긴 혀를 빼 얼굴을 덮어 보이자 쎌라가 칭송하였다.
"당신은 32상 80종호를 갖추셨으니
전륜성왕이 되시어 세상의 지배자가 되셔야 합니다."

"쎌라여, 나는 세속의 왕이 아니라
위없는 가르침의 왕이므로
결코 거꾸로 돌릴 수 없는 진리의 바퀴를 굴립니다."
"그렇다면 누가 당신의 장군입니까?"
"싸리뿟따입니다. 그는 내가 굴린 위없는 바퀴를 따라서 굴리는 여래를 닮은 자입니다."

쎌라는 제자 3백명과 함께 그 자리에서
출가하여 구족계를 받았다.

다음날 께니야가 여러 가지 음식을 차려 놓고

부처님과 수행승들을 모시자

부처님께서 께니야를 칭찬하였다.

"불의 헌공은 제사 중에 으뜸이고

싸비뜨리는 베다의 운율 중 으뜸이며

왕은 사람 중에 으뜸이고

바다는 모든 강 중에 으뜸이다.

달은 뭇 별 중 으뜸이고

태양은 빛나는 것 중 으뜸이며

공양자는 참 모임을 받드는 것이 으뜸이다.

〈쎌라경〉

세상에 죽음의 고통에서 벗어난 사람은 없다.

익은 과일이 떨어지고 질그릇이 부서지듯

젊거나 늙거나 어리석거나

현명해도 언젠가는 죽는다.

죽음에 패배당해도 그 누구도 그를 구할 수 없다.

거룩한 님께 배워 비탄을 그쳐라.

현명하다면 불난 집을 물로

끄듯 바람에 솜을 날리듯

생겨난 비탄, 애착, 근심, 번뇌의 화살을

뽑아야 한다.

마음의 평안을 얻으면 슬픔 없이 열반에 들 것이다.

〈화살경〉

26. 참된 바라문

부처님께서 잇차낭갈라 총림에 계실 때
바셋타와 바라드와자라는 바라문 학인들이
"바라문의 정의"에 대하여 논쟁하다가 와서 물었다.

"저희는 명망있는 바라문 뿍카라싸띠와
따룩카의 제자입니다.
세 가지 베다에 정통하고 어원학, 문법학,
논쟁에도 뛰어난 재주를 가졌다고 인정받았으나

한 사람은 7지의 깨끗한 혈통을 이어받은
바라문이라 하고,
한 사람은 계행을 지키고 덕성을 갖춘
바라문이라 주장하여
결론을 내리지 못하고 있습니다."

"식물, 벌레, 짐승, 물고기, 새도

각기 출생의 특징을 가지고 있다.
사람은 사, 농, 공, 상, 전사, 제관, 왕 등
그 출생과 가계 때문에
그를 바라문이라고 하지 않는다.

무엇에도 집착 없이 두려워하지 않고 살아간다면
그 사람이 곧 바라문이다.

모든 장애를 극복하고
두려움과 집착에 묶여 있지 않은 님,
족쇄와 고삐를 끊어버리고
빗장을 밀어 올린 깨달은 님,

비난과 폭력, 구속을 성냄없이
참고 견디는 용맹한 님,
의무와 계행을 지키고 파도를 일으키지 않아
잘 다스려진 궁극의 몸에 이른 님,

연잎 위 이슬처럼 바늘 끝 겨자씨처럼

감각적 쾌락에 더럽혀지지 않는 님,

고통의 짐을 내려놓은 장애 없는 님,

총명하여 바르고 삿됨을 알아 최상의 이익을 성취한 님,

누구와도 멀리하고 집 없이 유행하며 욕망을 여읜 님,

뭇 생명들에게 폭력을 쓰지 않고 살생하지 않는 님,

적의, 폭력, 집착 속에서도 평화롭게 집착을 여읜 님,

탐욕, 성냄, 자만, 거짓이 떨어진 님,

거친 말을 하지 않고 의미있고 진실한 말을 하는 님,

무엇을 막론하고 주지 않는 것을 빼앗지 않는 님,

세상에 바램이 없어 욕망을 여의고 속박 없이 사는 님,

의혹없이 완전히 깨달아 불사의 경지에 도달한 님,

공덕이나 악한 일에 집착을 버린 청정한 님,

구름에서 벗어난 달처럼

오염 없이 환락, 윤회를 버린 님,

진흙탕과 험로를 지나 피안에 이르러 고요한 님,

집착, 욕망을 떠나 유행하고 갈애와 윤회를 버린 님,

쾌락, 불쾌를 버리고 청량하여 온 세상을 이겨낸 님,

생사를 알고 바른 길을 걸어가는 깨달은 님,

누구도 그 행방을 알 수 없는 번뇌를 부순 거룩한 님,

앞, 뒤, 중간, 어떤 것도 없는 집착을 여읜 님,

황소처럼 늠름하고 기품이 있는 영웅, 위대한 선인,

승리자, 동요 없는 님, 목욕재계한 님, 깨달은 님,

3세의 인과를 알고 하늘과 지옥을 보며

태어남을 부순 님 그가 곧 바라문이다.

무지한 자들은 '태생에 의해 바라문이 된다'고

그릇된 견해를 갖고 있으나 행위에 의해

사, 농, 공, 상, 전사, 제관, 왕이 되며,

감관을 수호하고 청정하게 살면 바라문이 되는 것이
다.

세 가지 명지를 성취하고

적멸에 들어 다시 태어나지 않으면 하느님, 제석천
이다."   〈바셋타경〉

27. 성자들을 무고한 고깔리야

그런데 그 뒤 부처님께서

아나타삔디까 승원에 계실 때

고깔리야가 와서

싸리뿟따와 목갈라나를 무고(誣告)하였다.

"싸리뿟따나 목갈라나는 나쁜 욕망을 갖고 있습니다."

"그런 소리 말고 그들에게 청정한 믿음을 가져라.

자애로운 제자들이다."

세존이 타이르자

고깔리야는 인사를 드리고는 가 버렸다.

고깔리야는 나간 뒤 얼마 되지 않아

온 몸이 겨자씨만한 종기가 생겨

점점 커져 칠엽수 열매만큼 커지더니

그게 터져 온 몸에서 피고름을 흘리다

그만 숨을 거두었다.

그때 하느님 싸힘빠띠가 뛰어 와 부처님께 알렸다.
"꼬깔리야는 성현을 비방한 죄로
홍련지옥에 들어가 쇠꼬챙이에 꿰어 창에 찔리고

달군 쇳덩이를 먹고 쇠망치로 내려쳐져
만신창이가 되었다가 가마솥에서 삶아지고
고름, 피, 해충 속에서 괴로움을 당하고,

사지가 잘린 채 칼잎이 가득한 숲에 들어가
낚싯바늘로 혀를 찔리고, 면도칼이 가득 찬
베따라니 강에 떨어졌다가
짐승들에게 뜯어먹히고 있습니다.

아무리 몸부림쳐도 5나유따 꼬띠(5조억년) 하고도
천이백 꼬띠(1200억년)동안 견뎌내야 합니다."

부처님은 이 말을 듣고 수행승에게 말씀하셨다.
"사람은 태어날 때 입에 도끼가 생겨나니
어리석은 이는 나쁜 말로 자신을 찍는

불운을 쌓아 안락을 얻지 못한다.

도박으로 재산을 잃거나 자기 자신마저 잃어도

그 불운은 오히려 작은 것이다.

바른 길을 가신 님에게 적의를 품고 비난하면

10만 3천 니랍부디와 5압부디를 지옥에 떨어져

고통받는다.

거짓을 말하거나 하고도 안 했다 하고

안 하고도 했다 하는 비열한 행동을 하고

청정하고 죄악 없는 사람을 미워하면

바람을 거슬러 먼지가 불어오듯

반드시 그 악함은 되돌아온다."

〈꼬깔리야경〉

28. 감동의 성자 탄생과 포살법문

룸비니 동산에 위없는 님이 탄생하여
천인들이 기뻐하자 아씨따 선인은 서둘러
하강하여 싸끼야 족을 찾아가
빨간 모포에 싸인 빛나는 왕자를 품에 안으며
눈물을 흘렸다.

그의 눈물을 보고 싸끼야 족의 왕자의 신변에 위험이라도 닥칠까 걱정하자 아씨따 선인이 말하였다.

"이 왕자는 위없는 깨달음을 얻어 대중의 안녕을 위해 진리의 바퀴를 굴릴 것이며, 그의 청정한 삶은 널리 펼쳐질 것입니다. 다만 내 목숨이 얼마 남지 않아 그의 가르침을 듣지 못할 것이 슬퍼 우는 것입니다."

청정한 수행자는 싸끼야 족에게 큰 기쁨을 안겨주고 떠나갔다. 그는 조카 날라까를 불러 말했다.

"만약 네가 나중에 누군가에게 '세존'이라는 말과

'올바른 깨달음을 얻어 진리의 길을 간다'고 말하는 것을 듣거든 그 때 그곳으로 가서 세존의 가르침을 따르고 청정한 삶을 닦아라."

날라까는 이 말씀을 마음 속 깊이 기억하였다가 최상의 승리자가 진리의 수레바퀴를 굴린다는 소문을 듣고 찾아가 성자들의 최상의 삶에 대해 물으니 부처님께서 다음과 같이 일러주었다.

"마을에서 욕을 먹든 예배를 받든
한결같이 유행하라.
혼란을 수습하여 교만을 떨치고 감각적 욕락을 버리고 뭇 생명을 적대하지도 애착하지도 죽이지도 말라.

애욕과 탐욕을 떠나 눈을 갖춘 님이 된다면
바른길을 갈 수 있고 지옥을 벗어날 수 있다.
음식을 절제하고 탐욕을 일으키지 말라.
욕망이 없어지고 버려져 여의면 그것이 적멸이다.

탁발하고 나서는

나무 아래나 숲속의 빈 터에 머물면서

그곳에서 스스로 만족해하며

슬기롭게 선정을 닦아라.

날이 밝아오면 마을 어귀로 가더라도 초대를 받거나

조급히 행동하거나 얻고자 하는 말조차 건네지 말아라.

얻어도 좋고 얻지 못해도 잘된 것이니

어떤 경우에도 숲으로 되돌아와

시물이 적다고 꾸짖거나

시주를 경멸하지 말아야 한다.

높고 낮은 길을 걸을 때는

거듭 피안에 이르거나 단번에 이르지도 못한다.

윤회의 흐름을 끊는 수행승에게는

집착과 번뇌가 없다.

혀를 입 천장에 붙이고 배에 집중하여

자신을 다스려라.

비린내와 집착없이 청정하게 살아라.

홀로 앉아 명상을 닦고 홀로 있는 데서

기쁨을 느껴라.

그러면 시방을 비출 것이나 현자들의 칭찬을

듣더라도 더욱 겸손과 믿음을 일으켜야 한다.

작은 여울은 졸졸 소리를 내지만

큰 강물은 소리가 없다.

덜 찬 항아리에서는 소리가 나지만

꼭 차면 소리가 없다.

수행자가 많은 말을 할 때는

대중의 이익을 위할 때이다.

뭇 삶에 도움이 되지 않는다면 많이 말하지 않으면

그는 성자의 삶을 성취한 것이다"

〈날라까경〉

29. 부처님의 포살법문

부처님께서 미가라마뚜 강당에 계실 때 포살일에 한 가로이 앉아 조용히 침묵하고 있는 수행자들에게 말씀하셨다.

"관찰에는 두 가지 원리가 있다.

첫째는 괴로움을 관찰하는 것이고

둘째는 괴로움의 소멸의 길을 관찰하는 것이다.

그러나 이것들은 다 집착에서 생기는 것이므로

짓고 받는 과보에 집착하지 아니하면

금생에서 해탈하든가

다음 생에 가서 돌아오지 않는 님이 될 수 있다.

집착은 무명 속에서 생기는 것이니

무명만 밝히면 금생, 내생을 논할 필요가 없다.

무명을 없애는 데는 지혜가 제일이다.

이렇게 순서적으로 행, 식, 명색, 6입, 촉, 수, 애, 취, 유, 생, 노, 사, 우비고뇌를 관찰해 보라.

　탐욕에 사로잡히고 존재의 흐름을 추구하며

　악마의 영토에 들어간 자들은 진리를 깨닫기 힘들다.

〈두 가지 관찰경〉

30. 여덟 게송 품

감각적 쾌락의 욕망이 충족되지 못하면
화살에 맞은 것처럼 괴로워한다.
거기서 벗어나려는 사람은
발로 뱀 머리를 밟지 않듯
새김을 확립하고 애착을 뛰어넘는다.

농토나 대지, 황금, 소나 말, 노비나 하인, 부녀나
친척에 대한 감각적 쾌락에 대한 욕망에서
비롯된 재난이
사람을 짓밟고 파손된 배에 물이 스며들 듯
괴로움은 한없이 따라온다.

새김을 확립하고 감각적 쾌락과 욕망을 피하고
배에 스며든 물을 퍼내 피안에 도달하듯
거센 흐름을 건너야 한다.

〈감각적 쾌락의 욕망경〉

동굴에 집착하고 온갖 것에 덮인 유혹에 빠진 자는
여읨과는 거리가 멀고,
욕망을 조건으로 존재의 환희에 묶인 사람들을
시간 속에서 벗어나지 못해 해탈하지 못하고,
미혹에 빠진 사람들은 괴로움에 짓눌려 비탄해 한다.

그러므로 지혜인은 부정, 갈애에 빠져들지 않는다.
내 것이라고 동요하는 사람들은
마치 찾아드는 웅덩이의 물고기와 같으니,
양극단을 버리고 뛰어넘는 사람은
거센 물결에도 빠지지 않고 벗어날 수 있다.

〈동굴에 대한 여덟 게송경〉

사악한 생각으로 남을 비방하는 자들은

그것을 진실이라고 믿는다.

그러나 성자는 비방에 관여치 않아 장애가 없다.

욕망에 끌리고 애착에 붙들리면

스스로 완결지은 견해를 뛰어넘을 수 없다.

자신의 계행을 뽐내면 천한 사람이 되고

그 어디에서도 파도를 일으키지 않으면

고귀한 님이 된다.

청정하지 못한 교리를 도모해 자기 안에서

그 공덕을 본다면

그 견해에 집착하고 독단에 취해 교만해진다.

견해와 집착이 없다면

아무것도 취하거나 버리지 않고

교리에 따라 비난 받지 않으며

윤회의 흐름에 들지 않는다.

〈사악한 생각에 대한 여덟 게송경〉

8대 청정승

질병을 여읜 궁극적 청정은
본 대로 들은 대로
모두 드러난다.
거룩한 님들은 광대한 지혜를 갖추고
진리를 이해하여
높고 낮은 곳으로 가지 않으며,
경계들을 뛰어넘어 알고 보아서
어떤 것도 바라고 집착하는 일이 없다.

〈청정에 대한 여덟 게송경〉

최상, 최하를 논하는 사람은

논쟁에서 벗어날 수 없다.

규범과 함께 인식 속에서 자신의 유익만 보면서

다른 것을 저열하다고 생각한다.

착하고 건전한 사람들은

그것을 속박이라고 생각한다.

이 세상의 양극단과 욕망을 버리면

그곳에는 피난처도, 티끌만한 지각도, 견해도 없다.

그렇게 피안에 이른 거룩한 님은

다시 돌아오지 않는다.

〈최상에 대한 여덟 게송경〉

사람의 목숨은 백 년을 가지 못하며
더 산다 해도 결국은 늙어 죽는다.
내 것이라고 여겨 슬퍼하지만
소유란 영원하지 않으며 덧없는 것이니
재가의 삶에 집착하지 말라.

내 것, 사랑하는 사람을 죽음으로 잃게 되며,
탐욕을 부리면 걱정과 슬픔과
인색함을 버리지 못한다.

홀로 명상하며 유행하는 수행승은
멀리 여읨을 좋아하고, 어디에도 머무르지 않고
결코 사랑과 미움에 연연하지 않으며,
연꽃잎에 물방울이 묻지 않듯
인식한 것에 성자는 더럽혀지지 않는다.

〈늙음경〉

31. 띳사의 고민

성적 교섭의 탐닉에 대해 고뇌하던

띳싸 멧떼이야가

부처님께 가르침을 여쭈었다.

"탐닉은 천하고 비속하며 수레가 길에서 벗어나듯

그동안의 명예와 명성을 잃고 사념에 사로잡히고

남의 비판을 듣고 부끄러워 하며

비난에 자극받아 칼날을 세우고

어리석음에 뛰어들게 되니

이는 큰 속박이다.

유행하며 지혜로운 님이라 여겨져도

성적 교섭에 빠지면 어리석은 사람처럼 괴롭게 되니

이런 재난이 있음을 알아

감각적 쾌락을 일삼지 않고 멀리 여읨을 배우면

거센 흐름을 건너게 될 것이다.

〈띳싸 멧떼이야9경〉

자신이 집착하는 가르침만이 청정하다고 고집한
빠쑤라에게 부처님께서 말씀하셨다.

"논쟁에서 패배하면 비탄에 빠지고
승리하여 우쭐대면 자만하여 파멸에 들어서니,
견해를 고집하며 논쟁하면
청정한 님과 어깨를 겨누어도
앞으로 나아갈 수 없다."

〈빠쑤라경〉

32. 마간디야의 견해와 배움

규범과 금계에 의한 청정과 보는 것에 집착하며
부처님의 가르침을 혼미한 가르침이라 폄하하자
부처님께서 말씀하셨다.

"견해에 집착하여 그대는 혼란에 빠졌다.
지혜를 성취한 사람은
견해나 사변으로 판단하지 않으니
그러한 본성이 없이 행위나 학식
견해에 이끌리지 않는다.

지각과 견해를 고집한다면
그는 남과 충돌하면서
세상을 방황하게 된다.

〈마간디야경〉

적멸에 이른 님은 몸이 부서지기 전에
갈애를 떠나 과거에 집착하지 않고
현재에도 기대와 선호하는 바가 없다.

감각적 접촉에서 멀리 떠나 견해에 이끌리지 않고
홀로 지내며 거짓과 탐욕이 없고
인색하지도 무모하지도 미움받지도
중상을 하지도 않으며,
감각적 쾌락에 빠지거나 거만하지 않고
맹신하거나 욕망을 떠남에도 탐착하지 않는다.

부드럽게 총명하며 이익이 없더라도 성내지 않고,
음식의 맛에 탐닉하지 않으며,
평정하여 새김을 확립하고 잣대를 걷어내
우열을 가리지 않아 일체의 파도가 없다.

존재와 비존재에 대한 갈애가 없어
매듭과 애착을 뛰어 넘고,
얻는 것도 얻지 못하는 것도 없고,

비난에 무관심하며

말이 많은 속에서도 동요하지 않는다.

내 것이 없고,

내 것이 없다고 슬퍼하지도 않으며

모든 현상에 이끌리지 않으니

그는 참으로 고요한 님이라 불린다.

〈몸이 부서지기 전에경〉

투쟁, 논쟁, 비탄, 슬픔, 인색, 자만, 오만은
중상을 좋하하는 대상에서 일어난다.
좋아하는 것과 탐욕은 욕망을 인연으로 일어난다.
욕망은 쾌락과 불쾌에 의해 일어나고
그것은 접착을 인연으로 일어난다.

명색을 조건으로 접촉이 일어나며
소유는 욕망에 의해 생긴다.
지각이 없는 것도 소멸된 것도 아닌
상태에 도달하면
고락과 물질적 형상이 소멸한다.

어떤 자들은 물질적 형상이 남김없이 소멸할 때
최상의 청정이 있다고 하지만,
이것이 모두 집착임을 알고 자각적으로 해탈하여
논쟁에 끼어들지 않는 자가 진정한 현자이다.

〈투쟁과 논쟁경〉

"저마다 제 견해가 옳고

남의 견해는 그르다고 합니다.

진짜 어리석은 사람과 현명한 사람이

따로 있는 것입니까?"

"남의 가르침을 인정하지 않는 자는

어리석고 지혜가 없는 자입니다.

진리에는 어리석고 지혜로운 것이 없습니다."

"자기 주장은 진리이고 남의 말은 허망하다 합니다."

"진리는 하나일 뿐, 둘이 될 수 없습니다.

각기 다른 진리를 찬양하므로

동일한 것을 말하지 않는 것입니다."

"논쟁을 즐기는 사람은

어째서 진리를 여러 가지로 내세우는 것입니까?"

"세상에 많고 다양한 진리는 없으니

여러 견해의 관점에서 사유를 고안해

여러 가지로 말하는 것입니다."

"자기 계율에는 충실하면서

남의 계율을 경멸합니다."

"상대는 어리석고, 자신은 현명하다고 하는 사람은

과도한 견해로 완결되어

교만과 자만에 미쳐 있습니다.

독단에 빠져 자기의 길만을 집착하여

완고히 내세우지만

상대의 말을 우매하다거나 부정하면

스스로 다툼을 초래하여 논쟁하게 되니,

모든 독단을 버려야

사람들과 다투지 않을 것입니다."

〈작은 전열경〉

"자신의 견해를 고집하면 칭찬받습니까?"
"논쟁은 보잘 것 없어 평안의 가치가 없으니
논쟁하지 말아야 합니다.
구하는 바가 있어 욕망하고
도모하는 바가 있을 때 두려워합니다.

현명한 사람은 보이는 것과 들리는 것에
집착하지 않아 그 모든 것을 멀리 합니다."
"어떤 이는 최상의 가르침이라 하고,
어떤 이는 천하다고 하며,
이들 모두가 현자라 불리는데
이들 중 어느 것이 참다운 주장입니까?"

"저마다 자기 가르침이 완전하다 말하고
남의 가르침은 천박하다고 말합니다.
거룩한 님은 성찰하여 허구에 이르거나
논쟁에 가담하지 않으며
고요 속에 평정을 누립니다.

지나간 번뇌는 버리고

새로운 번뇌를 만들지 않으며

모든 견해를 벗어나 세상에 물들지 않으며,

자신을 꾸짖는 일도 없습니다."

〈큰 전열경〉

33. 집착과 계율, 삼매

"어떻게 보아야 집착하지 않고 열반에 듭니까?"
"고집하거나 우열을 기리지 않으면 평안해집니다.
바다 한 가운데서 파도가 멈추듯 움직이지 말고
어떤 경우에도 파도를 일으켜서는 안됩니다."

"계율과 삼매에 관해서도 말씀해 주십시오."
"어떤 것도 내 것이라 여기지 않고,
고통 속에서도 슬퍼하지 않고,
존재에 집착하지 말고, 두려워도 전율해서는 안 되며
식음료와 옷을 쌓아두지 않고
그것을 얻지 못해도 두려워하지 말아야 합니다.

선정에 들려면 방황해서는 안 되며
나쁜 일을 삼가고 잠, 나태, 환상, 웃음, 유희, 성적
교섭과 거기에 필요한 장식물을 버려야 하고,
주술, 점, 해몽, 술수에 빠지면 안 됩니다.

수행승은 비난을 두려워하거나
칭찬에 우쭐하지 말아야 하며,
비난받을 일, 허풍 떠는 말, 뻔뻔스러운 행위,
불화를 가져올 이야기, 부정한 일, 보복을 하지 않고,
계율을 자랑하여 다른 사람을 멸시해서도 안 됩니다.

항상 새김을 확립하고
소멸이 평안임을 알아
가르침에 방일하지 말아야 합니다."

〈서두름경〉

34. 폭력경

폭력을 휘두르는 자로부터 공포가 생긴다.
싸우고 반목하는 자들의 심장에는 박힌 화살이 있다.
어떤 화살이든 맞는 자는 모든 방향으로 내닫지만
그 화살을 뽑으면 내닫지도 주저 앉지도 않는다.

묶여진 속박들에 말려들어서는 안 된다.
감각적 쾌락의 욕망을 꿰뚫어 보고
자신을 위해 열반을 배우라.

탐욕은 거센 흐름, 열망은 흡인력,
집착은 혼란, 욕망은 넘기 어려운 수렁이니,
거룩한 님은 진실을 떠나지 않고
얻거나 잃어버리지 않아
모든 것에서 안온을 보며 단단한 땅 위에 서 있어
참으로 고요한 님이라 불린다.”

〈폭력을 휘두르는 자경〉

35. 슬기로운 수행승

부처님께서 싸리뿟따에게 말씀하셨다.
슬기로운 수행승은 새김을 확립하고
한계를 알아 유행하며
위험(곤충, 뱀, 약탈인, 야생동물)을
두려워하면 안된다.

이교도에 대한 두려움,
질병, 굶주림, 추위와 더위를 이겨내고
도둑질과 거짓말을 하지 않고,
모든 생물에 자애를 베풀어야 한다.

혼란을 제거하고, 분노와 교만에 지배되지 말고
그 뿌리를 뽑고 자신을 확립해야 하며,
대중을 극복하여야 한다.

지혜를 앞세우고, 선한 것을 기뻐하며,

위험을 제거하고, 외딴 곳에 있어도 불만을 참고

네 가지 비탄을 견디어 내야 한다.

'어디서, 무엇을 먹을까,

잠을 못 잤다, 어디서 잘 것인가'

이런 비탄을 야기하는 걱정을 제거해야 한다.

음식과 옷은 적당한 양을 적당한 때 얻고

몸을 수호하고 조심히 거닐며

괴로워도 거친말로 대꾸하지 말아야 한다.

눈을 아래로 뜨고 기웃거리지 않으며

선정에 들어 확연히 깨어 있어야 하고

삼매에 들어 평정을 닦아

사념과 악행을 끊어버려야 한다.

충고에 기뻐하고 청정한 동료들에게

마음의 황무지를 버리고 때에 맞는 건전한 말을 하고

뒷공론 하듯 사유해서는 안 되고

형상, 소리, 냄새, 맛, 감촉에 대한 탐욕을 이겨내야 한다.

36. 피안으로 가는 길

서시, 바바린의 16제자인 아지따, 떳싸, 멧떼이야,
뿐니까, 멧따구, 도따끼, 우빠씨바, 난다, 헤마까,
또데이야, 깝빠, 자뚜깐닌, 바드라부다, 우다야,
뽀쌀라, 모가라자, 삥기야의 질문과 피난가는 길의
마무리를 연속하여 초록하였다.

성전에 통달한 한 바라문 바바린이
아무 것도 없는 상태에 도달하고자
남쪽의 앗까까와 알라까 지방의 경계에 있는
고다바리 강변에서 이삭을 줍고 열매를 거두어
어느 큰 마을에서 큰 제사를 지냈다.

아슈람에 돌아오니 발은 붓고 트고 치아가 불결하고
먼지를 뒤집어쓴 어떤 바라문이
5백금을 구걸하러 왔다.
바바린은 그를 보고 곧 자리를 권하고

안부를 물은 뒤

보시를 이미 다 베풀어 가진 것이 없어

도울 수 없다고 양해를 구했지만

그는 바바린이 7일 후에 머리가 일곱 조각으로 터져

죽을 것이라고 저주하고는 가버렸다.

그는 근심의 화살을 맞아 풀이 죽어

음식도 재대로 먹지 못하고

두려워 하여 선정을 누리지 못했다.

착한 천인이 구걸하자 바라문은

머리를 떨어뜨릴 수 없고,

옥까까 왕의 후예인

32상 80종호를 갖춘 깨달은 님이

그에 대해 알고 있다 하여

16명의 제자들과 함께 그를 찾아갔다.

부처님은 무명이 머리인 줄 알아야 하며,

믿음과 새김, 삼매와 더불어 의욕과

정진을 갖춘 지혜가

머리를 떨어뜨리는 것이라고 말씀하시자,

크게 감동하여 압도된 바바린은

부처님의 두 발에 머리를 조아리며 절 하였다.

부처님께서 그들을 축복하셨다.

"바바린이여, 제자들과 함께 오래도록 행복하길 바
랍니다. 이제부터 모든 사람에게 기회가 주어졌으니

갖가지 의문과 마음 속으로 원하는 것에 대해 물으
십시오."

〈서시경〉

37. 아지따경

"세상은 무엇으로 덮여 있어 빛나지 않으며,

세상을 더럽히는 것은 무엇이며,

세상의 커다란 공포는 무엇입니까?"

"세상은 무명에 덮여,

탐욕과 방일 때문에 빛나지 않고,

갈망이 세상을 더럽히고

괴로움이 커다란 공포입니다."

"흐름을 제어하는 것은 무엇이며

어떻게 그쳐집니까?"

"흐름은 새김의 확립으로 제어되고

지혜로 그쳐집니다."

"세상의 진리를 헤아리려면 어찌 해야 합니까?"

"감각적 쾌락을 탐하고

정신이 혼란되어서는 안됩니다.

모든 가르침에 숙달하여

새김을 확립하여야 합니다."   〈아지따의 질문경〉

38. 띳사경

"누가 만족하고 동요하지 않는 위대한 님 입니까?"

"청정하여 갈애를 떠나 새김을 확립하고

열반에 든 수행자,

양극단을 바로 알아 더럽혀지지 않는 자,

그 자는 이 세상의 욕망을 완전히 떠나 있습니다."

〈띳사 멧떼이야의 질문경〉

39. 뿐나경

"제사로써 생사를 벗어날 수가 있습니까?"
"조금의 위안은 받을 수 있을지 모르나
생사를 벗어날 수 없습니다.
높고 낮음을 성찰하여 동요없이 적멸에 들어
연기(煙氣)를 여의고 고뇌와 탐욕이 없다면
생사를 뛰어넘을 것입니다."

〈뿐나까의 질문경〉

40. 멧따꾸경

"이 세상의 온갖 괴로움은 어디서 나타난 것입니까?"

"집착 때문에 생긴 것입니다.

그러므로 괴로움의 원인을 자각하여

집착의 대상을 만들면 안 됩니다.

집착을 버리고 갈애를 떠나 고뇌와 바램이 없다면

그는 생사를 뛰어넘은 것입니다."

〈멧따꾸의 질문경〉

41. 도다까경

"저를 온갖 의혹에서 해탈시켜 주십시오."
"나는 어떤 의혹을 가진 자라도
해탈시켜 주지는 못합니다.
다만 으뜸가는 가르침을 안다면
그대는 스스로 거센 흐름을 건너게 될 것입니다."

"거룩한 님이여, 멀리 여읨의 원리를 알려주시면
고요하고 집착없이 유행하겠습니다."
"위없는 적멸에 관해 그대에게 말하니,
시간, 방향, 그대가 인지하고 있는 어떤 것이라도
그것을 집착이라 여기고 존재와 비존재에 대한
갈애를 일으키지 마십시오."

〈도다까의 질문경〉

42. 우빠씨바경

"거센 흐름을 건널 수 있는 의지처를 알려주십시오."

"새김을 확립하여 아무 것도 없는 경지를 알고

나아가 '없다'에 의존하여 거센 흐름을 건너십시오.

욕망을 버리고 의혹에서 벗어나

갈애의 소멸을 밤낮으로 살펴보십시오."

"성자는 해탈에 종속되며,

의식은 있는 것이며, 존재하지 않는 것입니까?"

"모든 것을 버리고 해탈하면

어떤 것에도 종속되지 않으며,

소멸해 버린 자를 누구도 헤아리거나

언명(言明)할 수 없습니다."

〈우빠씨바의 질문경〉

"견해와 학식, 계율로 청정을 주장하며

유행해도 생사를 뛰어넘지 못한다면

생사를 뛰어넘은 자는 누구입니까?"

"인식과 계율, 모든 것을 여의고

갈애를 알아 번뇌를 여읜 자,

그가 거센 흐름을 건너 생사를 뛰어넘는 자입니다."

〈난다의 질문경〉

"갈애를 끊어버리는 가르침을 주십시오."

"보고 듣고, 인식하고 의식한 사랑스런 대상에 대한

욕망과 탐욕을 여읜 것이 열반의 경지이니,

이것을 잘 알아 새김을 확립하여

항상 적멸에 들면 갈애는 끊어집니다."

〈헤마까의 질문경〉

"욕망을 여의고 갈애를 끊고 의혹을 넘는

님은 어떤 해탈을 구하면 좋겠습니까?"

"그에게는 따로 해탈이 없습니다."

"그는 원하는 바와 지혜가 있습니까?

아니면 지혜로운 체 하는 것입니까?"

"그는 원하는 바가 없고 지혜가 있는 것이지

지혜로운 체 하는 게 아닙니다.

아무 것도 없어 감각적 쾌락에 집착하지 않습니다."

〈또데이야의 질문경〉

43. 깜빠경

"거센 흐름이 커다란 공포를 불러일으키는
바다 한 가운데의 섬에 대해 말씀해 주십시오."
"어떤 것도 없고 집착도 없는 것,
이것이 다름 아닌 피난처입니다.
그것이 열반이며 노쇠와 죽음의 소멸입니다."

〈깜빠의 질문경〉

자뚜깐니경

"적멸의 경지, 생사를 극복하는 법을 알려주십시오."
"탐욕을 억제하고 여의는 것이 안온입니다.
무엇에도 집착하지 않으면 그대는 적멸을 이룰 것입
니다."

〈자뚜깐니의 질문경〉

44. 바드라경

"티끌 없는 님의 가르침을 들려주십시오."
"시간적으로나 어느 방향으로나 얻는 것에 대한 갈
애를 모조리 없애십시오.
집착에 매달려 악마는 사람을 따라다닙니다."

〈바드라부다의 질문경〉

우다야경

"세상을 속박하고 있는 것과 그것을 추진하는 것이
무엇이며 무엇을 끊어야 열반이 있습니까?"
"세상은 환희에 속박되어 사유가
그것을 추진하니 갈애를 완전히 끊어버리면
거기에 열반이 있습니다."
"어떻게 새김을 확립해야 의식이 소멸합니까?"
"안팎의 느낌에 환희하지 않고 새김을 확립해야 합
니다."   〈우다야의 질문경〉

45. 뽀쌀라경

"안팎에 아무 것도 없다고 보는 님의 앎과
그러한 님이 어떻게 이끌어져야 하는지 알려주십시오."
"의식이 머무는 곳을 잘 아는 님의 존재와 해탈,
그렇게 정해진 것도 잘 압니다.
그러나 아무 것도 없는 경지가
생겨남에 대한 환희는 속박이라는 것을 알아
그것조차 뛰어넘어 통찰한다면 그것이 완성에 도달한
거룩한 님의 참다운 지혜입니다."

〈뽀쌀라의 질문경〉

모가라경

"세상을 관찰하는 님은 죽음을 보지 못합니까?"
"항상 새김을 확립하고 실체를 고집하는 편견을 버
리고
세상을 공(空)으로 관찰하면 죽음을 넘어섭니다.

이와 같이 죽음은

세상을 관찰하는 님을 보지 못합니다."

〈모가라자의 질문경〉

46. 뻥기야경

"저는 늙었으니 헤매다 끝내지 않도록 해 주십시오.
생사를 버리는 가르침에 대해 들려주십시오."
"방일하면 물질적 형상을 원인으로 죽어가니
다시는 존재로 돌아오지 않도록 방일하지 말고
물질적 형상을 버리고 늙음에 쫓기거나
괴로워 말고 갈애를 끊으십시오."

〈뻥기야의 질문경〉

47. 피안 가는 길

부처님께서 마가다국 빠싸니까 탑묘에 계실 때
이와 같이 말씀하셨다.
"이렇게 16명의 바라문의 요청이나 물음에 따라
대답하였습니다. 그 각각의 질문의 의미와 이치를 알고
가르침을 따라 실천한다면
늙고 죽음을 벗어나 피안에 이를 것입니다.
그러니 이 법문을 '피안으로 가는 길'이라 부르십시오."

이렇게 바바린과 16명의 제자들은 법문을 듣고
큰 깨달음을 얻어 위없는 가르침을 예경하며
부처님께 귀의하였다.

〈피안 가는 길의 마무리경〉

48. 어떤 신들과 학인에게

부처님께서 까빌라밧투 마하노마에 머물고 계실 때
어떤 신들이 와서 물었다.
"어떻게 해야
이 세상을 바르게 유행할 수 있습니까?"
"점, 해몽, 관상을 버리고 길흉의 판단에
얽매이지 않으면
세상을 자유롭게 유행할 수 있다.

수행자들을 중상 모략하지 않고,
분노, 편견, 선입견, 집착을 버리고
3업을 바르게 하여 교만한 마음 없이
올바른 열반의 경지에 들어간다면
그가 바르게 유행하는 자이다.

번뇌를 부수고 자만을 버리고
모든 탐욕의 일을 뛰어넘어 자신을 다스리고

완전한 소멸에 이른 사람, 믿음과 학식이 있고
청정한 삶의 승리자가 된다면 현재 뿐 아니라
미래에도 그 이름이 영원히 남을 것이다.
그러니 진리를 이해하고 단계를 알고
번뇌를 명백하게 분석해서 집착의 대상에서 벗어나
라.”

〈올바른 유행경〉

49. 재가 신도 마가의 제사

어느 때 부처님께서 갓자꾸따 산에 계실 때
학인 마가가 찾아와 물었다.
"저는 다른 사람에게 베풀고
관대한 마음으로 사람들의 부탁을 잘 들어줍니다.
재물을 정의롭게 구해 정의롭게 쓰고
바른 재물을 여러 사람에게 나누어 줍니다.
얼마나 많은 공덕을 얻겠습니까?

또 누구에게 바치는 재물이 청정하고
가치 있으며 완전한 제사란 무엇입니까?"

"그대는 많은 공덕을 얻게 될 것입니다.
또 깨달아 가식이 없는 님에게 헌공한다면
최고의 공덕을 짓는 것입니다.

제사는 제사 지내는 자의 토대이니

탐욕에서 떠나 죄악을 제거하고
자애의 마음을 닦아 한량없이 청정한 마음을 가득 채
우면 그것이 완전한 제사입니다."

마가는 부처님의 말씀에 밝은 깨달음을 얻어
재가 신자로 귀의하였다.

〈마가경〉

50. 싸비아와 세존

부처님께서 벨루바나의 깔란다까니바빠에 계실 때
유행자 싸비야가 와서 물었다.
"무엇을 얻으면 수행자라 부르고,
왜 온화한 님, 길들여진 님, 깨달은 님이라 불립니
까?"
"스스로 길을 닦아 완전한 열반에 이르러 의혹을 뛰
어넘고 존재, 비존재를 다 버린 사람,
그 사람이 수행자입니다.

어떠한 경우라도 평정하고 새김을 확립하고
어떤 것도 해치지 않고 혼탁한 파도를 일으키지 않
는다면 온화한 님이고,
안팎의 감각능력을 길들여 꿰뚫어 보고
수행이 이루어져 때를 기다리면 길들여진 님이며,
끝없는 윤회와 생사를 벗어났다면
그가 바로 깨달은 님입니다."

"참 놀라운 일입니다.

지금까지 나는 6사 외도를 비롯하여

이 세상 훌륭한 스승이란 스승을 다 찾아다녔지만

지금 내가 들은 젊은 수행자의 설법처럼

명쾌한 답변을 들어본 일 없습니다."

하고 다시 물었다.

"무엇을 얻어야 성직자, 수행자라 하고

왜 목욕재계한 자, 위대한 코끼리라 부릅니까?"

"악을 물리치고 집착을 버려 윤회에서 벗어난 자,

그가 성직자이고,

고요한 마음에 티끌 하나 없는 청정을 얻어

죽음을 뛰어넘으면 수행자,

안팎의 죄악을 씻고 허구에 매인

무리 속에 살아도 얽매이지 않으면 목욕재계한 자이며,

이 모든 것을 갖춘 자를 코끼리라 합니다.

"어찌하여 깨달은 자를 승리자, 성자, 현자라 부릅니까?"

"번뇌를 이겨 모든 영역에서

대자유를 얻은 사람이기 때문에 승리자,
안팎의 밝음을 알아 그것을 뛰어넘으면 현자,
옳고 그른 가르침을 알아
신과 인간의 공양을 받을 만한 집착의
그물을 벗어난 자를 성자라 합니다.”

“어떤 자가 선지식이고 정진자입니까?”
“온갖 지식에 통달하여 감각의 탐착을 버리고
그 지식마저 뛰어넘으면 그자가 선지식이고,
모든 죄악을 떠나 지옥의 고통을 넘어 노력을 다해
정진하는 자가 진정한 정진자입니다.”

“세존이시여, 당신이야 말로 62견을 초월한
광대한 지혜를 갖추고 거센 흐름을 건너
괴로움의 종극에 도달한 님이며
견줄 이 없는 위없이 깨달은 님입니다.
저도 계를 받고 출가하겠습니다.”
“그렇다면 넉 달 동안 대중생활을 익힌 뒤
청정비구가 되십시오.”　　　　　　　〈싸비야경〉

51. 수왕(樹王)의 노래

이른바 총명하고 지혜있는 비구는
감관을 단속해 족한 줄 알고
도덕적인 생활을 바르게 하며
착한 친구 구해 사귈 것이다.

항상 보시를 즐거워하고
행하는 일 착하고 묘하게 하면
이런 비구는 지혜로운 비구
괴로움이 다 해 즐거움을 맛보리.

부처님

피었다 시들어 질 때 되면
우루루 떨어지는 위사가 꽃처럼
아아... 비구들아
음, 노, 치를 털어 버려라.

몸도 고요하고 말도 고요하며
마음도 고요하고 뜻도 고요하면
이 사람은 세상을 떠난 비구
진짜 고요한 사람이라 하리라.

몸을 단속해 스스로 경계하고
안으로 마음 깊이 파고 들어가
항상 혼자 진리를 생각하면
그런 비구는 즐겁고 편할 것이다.

나는 나를 주인으로 한다.
나 밖에 따로 주인이 없다.
그러므로 마땅히 나를 다루어야 하나니
말을 다루는 장군처럼.

부처님

부처님 가르침에 믿음이 깨끗하면
기쁨과 즐거움이 충만하리니
이렇게 고요한 열반에 이르려면
욕심 쉬어 편안하리라.

나이 젊은 비구도
부처님 가르침에 어김없으면
그들은 이 세상을 밝게 하는 사람
어두운 세계를 비치는 달과 같으리...

52. 부처님과 아버지

부처님

항상 깨어있고 깊히 생각해
음욕이 깨끗하지 못함을 알면
악마의 감옥을 이내 벗어나
생사의 번뇌를 받지 않나니....

애욕을 떠나 두려움 없고
마음 속에 걱정이나 근심 없으면
번뇌의 속박에서 멀리 떠나서
생사의 바다를 길이 떠나리.

아버지

모든 일의 깊은 뜻을 깨달아
애욕을 떠나 집착이 없고
생사의 이 세상 마지막 몸
그야말로 지혜로운 선비입니다.

모든 것을 이기고 모든 것을 깨달아
모든 것을 버려 집착이 없고
애욕을 떠나 해탈된 사람
그는 벌써 성인의 길에 든 사람입니다.

부처님

모든 보시 중 경 보시가 으뜸이 된다.
모든 맛 가운데 도의 맛이 제일이다.
모든 낙에는 깨달음의 왕의 낙이 제일이요
애욕을 다 함은 모든 괴로움을 이긴다.

어리석은 사람은 제 몸을 묶어
피안으로 건너갈 생각을 않는다.
애욕의 즐거움 그대로 맡기면
남을 해치고 또 나를 죽인다.

아버지의 노래

밭은 잡초의 해침을 받고
사람은 탐심의 해침을 받나니
탐심없는 이에게 보시를 행하면
거두는 그 복은 한이 없으리.

밭은 잡초의 해침을 받고
사랑은 진심(瞋心)의 해침을 받나니
진심없는 이에게 보시를 행하면
거두는 그 복은 한이 없으리.

부처님

밭은 잡초의 해침을 받고
사람은 치심(癡心)의 해침을 받나니
치심없는 이에게 보시를 행하면
거두는 그 복은 한이 없으리.

밭은 잡초의 해침을 받고
사람은 욕심의 해침을 받나니
욕심없는 이에게 보시를 행하면
거룩한 그 복은 한이 없으리.

53. 대신과 부처님 대왕

바라문의 뜻

십오야 밝은 달이 구름에서 헤어나와
마음에 뜬 생각을 흩어버려
비방도 시비도 다 없애버린
그런 사람을 나는 진짜 바라문이라 부릅니다.

어리석은 사람이 욕심에 날뛰다
함정에 빠져 고통 당하는 것을 보고
오직 한 마음 저쪽을 향해
의심 없이 달려가는 자를 진짜 바라문이라 부릅니다.

은혜와 사랑을 끊어버리고
집을 나가 걸림없이 돌아다니니
욕망의 존재를 오롯이 버린
그런 사람을 나는 진짜 바라문이라 부릅니다.

부처님

사람이 만일 이승에서
욕심을 끊어버리고
집을 나와 애정마저 끊어 버렸다면
나는 그런 사람을 진짜 바라문이라 부릅니다.

사람의 명예를 이미 떠나서
신의 명예에도 걸리지 않고
모든 명예에서 벗어난 사람
나는 이런 사람을 진짜 바라문이라 부릅니다.

즐거움도 괴로움도 모두 다 끊어
마음 속에 불기운이 사라진 자
모든 세상 이기는 용맹한 성자
나는 이런 사람을 진짜 바라문이라 부릅니다.

아사세 왕과 부처님

가장 힘 있고 굳세어
세상을 항복받고 자기를 이긴
욕심이 없는 대각자,
나는 그이를 바라문이라 합니다.

전생 일을 알고, 내생도 훤히 아는 사람,
생사의 수레바퀴에서 멀리 벗어난 사람,
신통으로 이 세상 할 일을 마친 사람,
나는 그 사람을 바라문이라 합니다.

부처님

이승에서 태어나 종자가 끊어지고
저승에 떨어질 종자도 없애버리고
어디에도 의지않는 깨달은 성자
나는 그를 바라문이라 부른다.

습기가 다 해 남음이 없고
그가 간 곳은 누구도 찾을 수 없다.
신도, 귀신도, 사람도 모르는
그런 사람이 진짜 바라문이다.

처음에도 나중에도 그 중간에도
아무 것도 갖지 않은 자,
소유도 집착도 다 끊어진 사람,
나는 그를 바라문이라 부르리라.

54. 철판 바라문과 부처님

　　부처님

입으로 말이 없어도
마음이 어질고 밝으면
어리석은 마음 없어져
그 사람이 진짜 바라문이다.

세상의 모든 것 끝까지 보다
버릴 것도 없고 잃을 것도 없는
이승과 저승을 함께 떠나면
이런 사람 어질고 착한 사람이라 한다.

철판 바라문

이른 바 도(道)란
하나의 생명만 구하는 것이 아니다.
멀리 천하를 두루 건져
해침이 없는 것을 진짜 도라 한다.

나는 많은 계를 지녔고
많은 진실도 행해 보았다.
한가한 곳에 혼자 머물러
깊은 선정에도 들어 보았다.

그렇지만 나는 그런 처지에 있으면서도
진짜 해탈을 얻지 못했나니
비구여, 내 마음에 아직 번뇌 남아 있거든
그대들 뜻 쉬지 말고 나를 가르쳐 제도하라.

나는 아직 그것으로 말미암아
남 모르는 해탈을 맛보지 못했나니
비구여, 그대 마음 아직 번뇌에 있거든
부끄리워 말고 나를 가르쳐 주옵소서.

바라문의 노래

음욕보다 뜨거운 불이 없고
성냄보다 빠른 바람 없으며
무명보다 빽빽한 그물없고
물보다 느린 애정 보지 못했습니다.

남의 잘못 보기는 쉽지만
자기 잘못 보기는 어렵습니다.
쭉정이를 까불면 날아가지만
잘못은 까불어도 떠나지 않습니다.

부처님의 노래

만일 자기 잘못을 숨기고
남의 잘못만 들어낸다면
마음의 더러움 더 자라
벗길래야 벗길 수 없는 족쇄가 된다네.

허공에는 새의 발자국 없고
사문에는 다른 생각의 때가 없으니
세상은 언제나 무상의 끝날 날 없지만
부처님은 항상 그 마음을 지킨다.

55. 바라문과 부처님

 부처님의 노래

악한 일은 자기를 괴롭게 한다.
그러나 그것은 행하기가 쉽다.
착한 일은 자기를 편안하게 한다.
그러나 그것은 행하기가 어렵다.

거룩한 성인의 가르침은
정법으로써 사람을 인도한다.
어리석은 사람은 이것을 미워해
도리어 비방하다 저절로 말라 죽는다.

바라문의 노래

어떤 것이 자기가 해야 할 일인가.
미리 생각하고 깊히 생각해서 행해야 한다.
마음을 다하고 힘써 닦지 아니하면
때를 놓친 뒤 크게 후회하리라.

기쁠 때는 기뻐만 하고
다른 일 생각하지 말아야 하리.
슬플 때는 슬퍼만 하고
슬픈 일은 생각하지 말아야 하리.

우리 님의 노래

나는 내 집 지은 이 보았나니
집의 주인이여, 이제 다시 집을 짓지 말라.
석가래도 내려 앉았고 기둥도 부서졌다.
다시는 집 짓는 일 없으리니
거기 사랑과 욕망이 있겠는가.

깨끗한 행실도 닦지 못하고
젊어 재물을 쌓지 못하면
고기 없는 빈 연못
속절없이 지키는 따오기와 같다.

바라문의 노래

깨끗한 행실도 닦지 못하고
재물도 쌓아 놓지도 못했으니
못쓰는 화살처럼 늘어져 누워
옛일을 생각한들 무슨 이익 있겠는가.

과거를 돌이켜 생각해보니
남의 일 간섭하다 세월 다 갔네
행복을 추구하며 노래 불러도
지난 세월 쾌락은 덧이 없어라.

56. 병든 비구와 부처님

부처님의 노래

채찍을 받아 훈련이 잘 되어
채찍질엔 성내지 않는 말처럼
누가 이 세상의 비난을 받아도
스스로 참아 부끄러워 한 줄 아는고!

좋은 말에 채찍을 더하면
바람처럼 달려가듯이
마음에 계가 있고 선정 지혜가 있으면
모든 괴로움을 떠날 수 있다.

병들었던 스님

활 만드는 사람은 줄을 다루고
배 부리는 사람은 배를 다루듯
목수가 나무를 다루고
어진 사람은 자기를 다룬다 하였습니다.

금욕은 억지로 참는 것이 아닙니다.
금욕 속에 무서운 인욕이 있어
어떠한 채찍과 욕설도
참아 낼 수 있어야 한다 하였습니다.

57. 부처님과 도둑들

부처님의 노래

내 손바닥에 헌데가 없으면
손으로 손목을 잡을 수 있지만
헌데가 있으면 독물을 어쩔 수 없나니
악을 짓지 아니하면 악도에 가지 않는다.

아무리 말을 꾸며 남을 해쳐도
죄없는 사람을 더럽히지 못하나니
바람 끝에 날아가는 티끌과 같아
제 말은 도리어 자기를 더럽힌다.

떼 도둑들의 노래

어진 생명은 사람의 태몽에 들고
악한 사람은 지옥에 들어가며
착한 사람은 천당에 태어나고
마음이 밝은 사람은 열반에 든다 하였습니다.

허공도 아니요, 바다도 아니다.
깊은 산 바위틈에 숨어도
일찍 내가 지은 악업의 재앙은
이 세상 어느 곳에서도 피할 수 없다 하였습니다.

부처님의 노래

허공도 아니고 바다도 아니다.
깊은 산 바위틈에 들어 숨어도
죽음의 힘이 미치지 못하는 곳은
이 세상 어디에도 있을 수 없다.

그대들 말이 꼭 맞으니
남에게 핑계하지 말고
스스로 그 죄업을 살펴
다시는 악도에 들어가지 않도록 하라.

58. 난다와 부처님

부처님의 노래

이승에서 걱정하고 저승에서 걱정하고
악한 행 한 사람은 두 곳에서 걱정합니다.
이것도 걱정, 저것도 걱정
죄 지은 사람은 자기의 업을 보고…

이승에서 기뻐하고 저승에서 기뻐하고
착한 일 한 사람은 두 곳에서 기뻐합니다.
여기서도 기쁘고, 저기 가서도 기쁘고
복 지은 사람은 가는 곳마다 기쁨이 충만합니다.

난다의 노래

이승에서 뉘우치고 저승에서 뉘우치고
악한 사람은 두 곳에서 뉘우친다.
악을 지을 때 번민하고
죄를 받을 때 고통하고.

부처님의 노래

사랑스럽게 예쁜 꽃이
빛깔도 곱고 향기가 있듯
아름다운 말로 바르게 행하면
반드시 그 결과 복이 있나니.

여러 가지 고운 꽃을 모아
멋있는 꽃다발 만드는 것 같이
사람도 좋은 업을 쌓아 모으면
저승에 좋은 결과 복을 받나니.

전다라의 노래

부용이 전단향의 좋은 향기도
바람을 거슬려선 피우지 못하지만
덕의 향기는 바람을 거슬려도
모든 방위에 두루 피웁니다.

전단이나 다갈라
청련이나 발사길
아무리 그 향기 좋다해도
계의 향기만 같지 못합니다.

난다의 노래

진실한 것을 거짓으로 생각하고
거짓을 진실로 생각하면
이것은 끝내 거짓된 소견
마침내 참 이익을 얻지 못할 것입니다.

진실을 알아 진실로 생각하고
거짓을 알아 거짓으로 보면
이야말로 바른 소견
그는 반드시 참 이익을 얻을 것입니다.

부처님의 노래

지붕 잇기를 성기게 하면
비가 올 때 곧 새는 것처럼
마음을 조심히 가지지 않으면
탐욕은 곧 그것을 뚫는다.

이승에서 기뻐하고 저승에서 기뻐하고
선을 행한 사람은 두 곳에서 기뻐한다.
선을 행한 사실에 기뻐하고
과보를 받을 때 더욱 기뻐한다.

난다의 노래

경전을 아무리 많이 외워도
행이 없는 사람은
남의 소를 세는 목동과 같이
중 노릇한 결과를 얻기 어렵습니다.

경전을 아무리 적게 외웠더라도
탐독과 성냄, 어리석음을 버린 사람은
이승에서나 저승에서나 마음에 해탈을 얻어
부처의 제자됨을 자랑삼아 살 것입니다.

※난다는 약혼식 날 부처님께 꿀물을 타 들고 갔다가
　그만 강제로 출가하여 애인 생각에 밤잠을 못자다
　가 부처님과 케바라산에 올라가 내생에 만날 8선녀
　들을 보고 세속 일을 다 놓아버린 사람이다.

59. 어리석은 사람과 부처님

치인(痴人)의 노래

어리석은 사람, 악한 생각
언제나 끊임없이 어둠 속에 흐르면서
그 좋은 운수 좀 삭여 가다가
마침내 갚음으로 머리 잘려지나니

어리석은 사람은 이익을 탐하고
부질없는 존경이나 이름 구하며
자기 집에서 주권을 다투고
남의 집에서 공양을 바란다.

모든 것은 나를 위해 생겨
내 뜻대로 될 수 있다고
중도 속인도 그런 생각 가진다.
그래서 어리석은 사람은 교만에 빠진다.

하나는 이양(利養), 하나는 열반

이것을 밝게 아는 사람은

도인이요, 부처님 제자,

그는 부귀를 즐기고 한가히 살기를 바란다.

※아사세 태자는 빔비사라 임금님의 아들로 데바닷다
　의 꼬임에 빠져 아버지 빔비사라 임금님을 죽이고
　마침내 왕위에 올랐다가 데바닷다가 잘못한 것을 늦
　게서야 깨닫고 부처님 제자가 되어 제1결집의 후원
　자가 되었다.

60. 철인과 부처님

부처님의 노래

깊은 못은 맑고 고요해
물결이 흐려지지 않는 것처럼
지혜있는 사람은 도를 들어
그 마음 즐겁고 편안하다.

선사는 탐하는 욕심이 없어
가는 곳마다 그 모습 환하다.
즐거움을 만나도 괴로움을 만나도
허덕이거나 슬퍼하지 않는다.

철인의 노래

대인은 세상 일에 빠지지 않고
자손, 재물, 토지를 바라지 않는다.
항상 계와 지혜의 도를 지키어
그릇된 부귀를 탐하지 않는다.

세상은 모든 욕심에 빠져
피안에 이른 사람은 아주 드물다.
혹 사람 있어 마음을 가졌어도
이쪽 언덕 위에서 헤매고 있다.

부처님의 노래

진실로 도를 뜻하는 사람은
바른 가르침을 받아 행한다.
생사의 세계 건너가기 어려워도
그 사람만은 피안에 이르게 된다.

지혜있는 사람은 어두운 법을 떠나
고요히 착한 법을 생각하나니
집을 떠나 먼저 숲 속으로 들어가
즐기기 어려운 고독을 맛본다.

철인의 노래

지혜있는 사람은 욕심을 버려
한 가지 물건도 가지지 않고
스스로 자기를 깨끗이 하여
모든 번뇌를 지혜로써 돌이킨다.

바른 지혜를 따르는 사람
항상 도를 생각해
오로지 한 마음 진리를 알아
집착 떠나 열반을 즐긴다.

61. 외도와 불교

부처님 당시 수발다라(善賢)는 18세 되던 해부터

120세 될 때까지 전 인도를 돌아다니면서

종교란 모든 종교는 빠짐없이 다 찾아가 보고

선지식이란 선지식은 모두 가 찾아 보았습니다.

그런데 만나는 사람마다 자기가 옳다 하고

남이 주장하는 것은 그르다 하여

마지막에 부처님을 찾아 뵙고 물었습니다.

"부처님, 어떤 것이 바른 종교이고 바른 사상입니

까?"

"바를 정자(正)가 있는 것은 외도도 불교이고

바를 정자(正)가 없는 것은 불교도 외도다."

"부처님, 저는 오늘 죽어도 한이 없습니다.

제자가 스승 앞에서 먼저 간다는 것은 어긋난 일이

지만

부처님께서 승낙해 주신다면 저는 이 자리에서

열반에 들고 싶습니다."

"좋다."

하여 그는 부처님께 계를 받고 부처님 앞에서
열반에 들어 부처님 최후의 제자로 알려졌다.

부처님 당시 외도는 6사 외도를 으뜸으로 쳤고
그 외에도 여러 학설을 주장한 종교인들도 있었다.

6사외도(六師外道)란,

① 회의론을 주장하는 산자야·베랏티풋타

② 유물론자 쾌락주의를 주장하는 아지타 · 케사 ·
　 캄바라

③ 숙명론자 자연론자 막카리·코사라

④ 무도덕론자 프라나·코사라

⑤ 무인론적(無因論的) 감각론자 파크 · 카차야나

⑥ 나체 무소유자(자이나교 시조) 니간다 · 나타풋타

등이다.

이들은 대부분 이 같은 사상과 종교를 배경으로

특수한 생활을 주장하였으므로 사도(邪道) 또는
외도(外道)의 집단이라 불러왔다.

또 네 가지 외도사집(外道邪執)이 있으니,

①은 세상 모든 것은 인(因)과 과(果), 하나(一)의 원
  리 밖에 없다 주장하는 외도사집,

②는 일체만법은 인(因)은 인(因)이고 과(果)는 과
  (果)이기 때문에 인과는 다른 것(異)이다 주장하는
  외도,

③은 역일역과(亦一亦果)를 주장하며, 하나(一)라고
  도 할 수 없고 다르다(異)고도 할 수 없다.

④는 비일비이(非一非異), 하나라 할 수도 없고 다르
  다고 할 수도 없다는 주장들이다.

또 어떤 외도는

① 이 세상 모든 존재는 대자재천(大自在天), 즉 하
  나님의 기쁨과 슬픔 때문에 생긴 것들이다 하고,

② 이루어지고 파괴되는 것은 너무 깊고 넓어서 우
  리로서는 이해할 수 없다고 주장하는 파,

③ 세상의 모든 일들은 그 원인과 결과를 끝까지 추
   적하여 다 알 수 있는 것이 아니므로 무인무과(無
   因無果)라 주장하는 사람도 있었다.

그러나 이들은 자신의 고집 이외에는 남의 학설과
사상을 용납하지 않았으므로 외도사집(外道邪執)이
라 불러왔다.

수바다라는 이 같은 사람들과 고집 속에 살아가는
모든 종교집단과 사상가들을 골고루 만나보고
결국 결론을 내리지 못했다가 부처님의
일정사상(一正思想)에 의하여 깨달음을 얻고
해탈하게 된 것이다.

그런데 티베트 법왕 달라이 라마는
이것을 37조도품에 나누어 구체적으로 설명하고 있다.
조도품(助道品)이란 바른 깨달음을 이루는 길 가운데
바른 길로 가도록 안내한다는 말이다.

① 4념처(四念處)

② 4정근(四正勤)

③ 4신족(四神足)

④ 5근(五根)

⑤ 5력(五力)

⑥ 7각지(七覺支)

⑦ 8정도(八正道)

4념처는 4념처주라고도 하는데,
소승의 수행자가 3현위(10주10행10회향)에서
5정심관(五停心觀) 다음에 닦는 관(觀)으로서

① 신부정(身不淨)이니, 몸을 부정하다고 관하는 것
　이고,

② 수시고(受是苦)는 감관을 받는 것은 고통이며,

③ 심무상(心無常)은 마음은 무상하고,

④ 법무아(法無我)는 법에는 내가 없다는 말이다.

이것을 따로 따로 관할때는 별상념주(別相念住)라

하고,

전체적으로 관할때는 총상념주(總相念住)라 한다.

말하자면 이 세상에 존재하는 이 몸뚱이는 부정한 것

이니, 눈에서는 눈물이 나고,

귀에서는 귓밥이,

코에서는 콧물이,

입에서는 침이 흘러

아홉 구멍에서 부정한 물들이 흘러내려

깨끗한 것이 하나도 없다는 것을 관하는 것이다.

또 눈으로 보고, 귀로 듣고, 코로 맡고 있는

부모 자식 지간이라 든지,

은행, 재물, 자녀 등은 고통 덩어리이고,

마음은 시시각각으로 변하여 믿을 것이 못되므로

무상하고, 이 세상 모든 것이 나를 빼고 나면

내 것이라 할 것이 한 가지도 없으니

무아(無我)하다는 것이다.

4정근은 악한 것을 끊고,

새로 생기는 악을 짓지 않으며,

선한 일을 하고,

짓지 못한 것은 더욱더욱 지어 나가는 것을 말한다.

또한 4신족은 신통력을 얻기 위해

네 가지 일을 열심히 닦는 것인데,

첫째 욕신족(欲神足)은 뛰어난 명상을 얻고자 노력

　　하는 것이고,

둘째 근신족(勤神足)은 하고 싶은 정진을 마음 껏 하

　　는 것이고,

셋째 심신족(心神足)은 마음을 다스려 뛰어난 명상

　　을 얻도록 하는 것이고,

넷째 관신족(觀神足)은 지혜를 가지고 사유관찰하여

　　뛰어난 명상을 얻는 것이다.

5근은 신·진·념·정·혜(信·進·念·定·慧)로
서, 믿음과 정진, 생각, 선정, 지혜를 뿌리 내리도록
하는 것이고,

5력은 5근에 힘을 얻는 것이다.

7각지는 생각마다 깨닫는 염각지(念覺支),
바른 법을 간직하여 기억하는 택법각지(擇法覺支),
정진에 노력하는 정진각지(精進覺支),
항상 기쁜 마음으로 정진하는 희각지(喜覺支),
심신을 발랄하게 하는 경안각지(輕安覺支),
몸과 마음이 안정되는 정각지(定覺支),
통일된 마음을 평등하게 가지는 사각지(捨覺支)가
그것이다.

이와같이 37조도품이 온전하게 자리에 들면
세상을 보는데 바른 눈이 뜨여
세상의 모든 것은 시간따라 변해가고
나, 내것이 따로 없다는 것을 알아

모든 것을 바르게 볼 수 있는 눈이 열리게 된다.

이것이 정견(正見)이다.

62. 중도를 행하는 법

① 비구들아, 내가 입멸한 뒤에는 바라제목차(계율)를 받들고 공경하라. 그렇게 하면 가난한 사람이 보배를 얻은 것 같이 되리라. 바라제목차는 바로 그대들의 스승이기 때문이다.

출가수행자는 상품을 팔거나 무역하지 말며,
논밭과 집을 마련하지 말 것이며,
가속이나 노비, 짐승을 기르지 말고,
증식과 재보를 불구덩이처럼 피하라.

풀과 나무를 베어내어 땅을 개간하지 말고,
탕약을 제조하고 길흉을 점치지 말라.
별자리를 관측하고 역수(歷數)를 계산하지 말라.

몸을 검소하고 시약(時藥)을 탐하지 말라.
남의 힘을 떠맡아 주술을 부리거나 선약을 구하지 말고

귀인을 시켜 친우를 업신여기지 말며

마땅히 자신의 마음을 단정히 하여
남을 구하여 제도하고 자기 허물을 숨기지 말고,
4사 공양에 만족할 줄 알고
남의 공물을 저축해 두지 말라.

계는 순조로운 해탈의 길이다.
이 계를 의지하면 선정과 지혜가 자라나
저절로 해탈할 것이다.
만약 비구가 이렇게 살아 갈 수 있다면
바르고 착한 법을 지녀 온갖 공덕이 자라날 것이다.

② 근욕(根欲)을 경계하라

비구들아 이렇게 계에 머물게 되거든
5근을 제어하여 방일하지 말라.
마치 소치는 사람이 막대를 들고
소가 남의 밭에 들어가지 못하게 하듯이

사나운 말에 재갈을 물리듯 사정없이 제어하라.

마음은 5근의 주인이니 원수와 도적을 지키듯 하라.
그렇지 않으면 꿀 가진 사람이 구렁텅이에 빠지듯
미친 코끼리가 날뛰듯,
원숭이가 재주 부리듯 하지 말라.
5근을 정복하지 못하면
착한 일을 모두 잃어버릴 것이다.

③ 음식 먹는 법

음식을 먹을 때는 좋고 나쁜 것을 가리지 말고
주리고 목마른 것만 없애도록 하라.
마치 벌이 꿀을 따듯 상대방의 마음이
상하지 않게 하여야 할 것이다.

④ 정진(精進)

낮에는 부지런히 선법을 닦고

밤에는 경을 읽고 살되

잠으로 허송세월을 보내면 안 된다.

세상에 타오르는 무상의 불을 끄고

잠의 도적을 지키지 않겠는가.

번뇌의 독사가 구렁이처럼 노리고 있으니

날카로운 쇠갈구리로 사람의 목숨을

금수에게 빼앗기지 않도록 하라.

⑤ 성내지 말라

만약 어떤 사람이 와서

4지를 갈갈이 찢어간다 할지라도

화내지 말라.

참는 것이 덕이니 대인의 풍을 내지말라.

만일 욕하고 꾸짖는 것을 능히 참아낼 수 있으면

세상에 아름다운 꽃이 피지만

화를 내어 남을 화나게 하면

청천하늘에 벼락이 떨어지는 것 같다.

⑥ 비구의 4물

비구는 머리를 깎고 발우를 들었으니
걸사정신으로 교만하지 말라.
만약 아첨과 사곡(邪曲)이 있다면
마군이들의 권속이 되고 말 것이다.

⑦ 소욕지족(少欲知足)

탐욕이 많으면 고뇌가 많다.
작은 것으로 만족하고 탐욕을 부리지 말라.

⑧ 부락(富樂)을 즐기지 말라

부유한 사람은 비록 천당에 가더라도
만족하지 못한다.
모든 번뇌에서 벗어 나려하면

지족할 줄 알아야 한다.

⑨ 적정무위한 생활을 하라

시끄러운 곳을 피하고
적정무위한 장소에 거처하라.
그리하면 제석천왕은 말할 것도 없지만
모든 천인들이 공경하고 사랑할 것이다.

⑩ 부지런히 정진하라

부지런히 정진하면 근심 걱정이 없어진다.
적은 물이 바위를 뚫고 바다에 이르듯이
수행자는 나무에서 불을 보듯
한결같은 마음으로 정진해야 할 것이다.

⑪ 좋은 선지식과 도반

구도자는 선지식을 찾아

5욕의 적을 없애고
좋은 도반을 만나면
정진 속에서도 안전할 것이다.

⑫ 정신통일하라

마음을 가다듬어 흩어지지 않게 하는 자는
선정을 쉽게 얻어 지혜인이 될 것이다.
적은 물도 잘 받아 관리하면
좋은 못을 이룰 수 있다.

⑬ 지혜있는 사람

지혜있는 사람이 도인이다.
노병사의 바다를 건너는 사람은
무명의 파도를 헤쳐
문·사·수(聞·思·修)의 지혜로써
혜안을 얻어야 한다.

⑭ 희론을 즐기지 말라

출가한 사람이 희론을 즐기면
산란한 마음에서 벗어나지 못한다.

⑮ 방일하지 말라

방일하면 공덕을 파먹는 도적이
함정을 파게 된다.
허송세월로 단월의 신세를 지게되면
염라대왕의 소굴에 들어간다.

⑯ 고집멸도 4제를 알라

4제에 있어서 사심이 없으면
어느 곳에 가든지 걱정할 것이 없다.
이 세상의 진리는 4제를 능가하는 것이 없다.
감로반왕의 아들 아니루타는 여기에 의심이 없었다.

⑰ 자기마음을 증명하라

마음에 의심이 없는 사람은
내가 열반에 들더라도 울지 않을 것이다.

⑱ 세상은 무상하다

날마다 해가 뜨는 것이 아니다.
눈이 있는 사람은 해를 보지만
장님은 해 쪽에 있으면서
천지를 보지 못한다.

⑲ 화합하라

비구들아,
나의 제자들은 항상
열반심으로 화합해야 하느니라.

이것이 불유교경이고 42장경이다.

63. 인신공희(人身供犧)

서양사람들은

사람을 죽여 신에게 바친다면

모든 소원을 이룩할 수 있다는 생각을 가졌다.

그래서 지금으로부터 5만 년 전 석기시대에는

사람을 죽여 거기서 흘러나오는 피를

신상에게 뿌렸으며

그 머리나 몸을 태워 공양하였다.

그래서 가나안과 팔레스타인에서는

종족이 다른 사람들을 잡아 공양하였고

시간이 점점 흐르면서는

전쟁 포로들을 잡아 희생시켰다.

그리스에서는 놋쇠로 황소를 만들어

그 속에 사람을 넣고 불을 때면

그 속에서 죄인이 울부짖는 소리가

마치 황소가 울부짖는 소리와 같아

그 소리를 듣는 사람들이

다시 반역하지 못했다 하였다.

또 이탈리아 중서부에 있는 에투루리아에서는

종교의식으로 검투사의 경기를 열어

패배한 자를 죽여 하늘에 제사를 지냈고

그것이 장차 로마에 전해져

네로황제가 검투사들 간의 경쟁을 붙이고

나머지는 굶주린 호랑이나 사자들에게

뜯어 먹히는 잔인한 유희를 하였다.

또는 전쟁 포로를 잡아다가

지하의 신들에게 공양한다고

생매장 시키기도 하고

또 적의 우두머리를 로마의 군신 마르스상 앞에서

목졸라 죽이기도 하였다.

켈트족은 일찍부터 토착종교의 공회의식으로
살아있는 사람들을 불태워 죽였고
버드나무 가지를 엮어 거대한 나무인형을 만든 뒤
그 속에 산 사람이나 짐승을 넣어
불태워 인신공회를 하였다.

〈줄리어스 시저 갈리아 전기〉

독일이나 북유럽에서는
흉작이나 가뭄, 기근이 들면
왕이나 지도자를 늪에 처 넣어 죽여 신에게 바쳤고
북유럽에서는 오딘시대에
풍작과 전쟁의 승리를 기원하기 위해
왕을 죽여 바치기도 하였다.

고대 영국이 아일랜드와 전쟁할 때
적의 장군을 잡으면
목을 잘라 이것을 발로 차는 경기를 하였는데
이것이 축구의 기원이 되기도 하였다.

어찌 보면 신들마다

각기 취향이 다르기 때문에

켈트의 주신 에수스는

목매달아 죽은 귀신을 좋아하였으므로

목매달아 죽이는 희생제를 지내기도 하였고

천둥번개의 신 타라시스와 전쟁 신 튜타테스는

물에 빠져 죽은 시체를 좋아하였으므로

산 사람을 익사시켜 바쳤다.

아브라함의 아들 이삭도 그렇게 하여 죽었고

등신불의 주인공은 스스로 그 몸을 사루어

전생의 죄업을 참회하고

새 세상의 희망에 몸을 바치기도 하였다.

이같은 풍습은 히브리민족이 페르시아 제국의

지배를 받으면서 없어졌는데,

이것은 죠로아스터교의 선신 아후라 마즈다의 적

아흐리만 악신(마귀)의 마귀행위로 인식되어

소멸되었다.

사실 인본주의 민주사상이 싹트기 이전에는
마귀의 살인교사를 상식화하였던 것인데
인신공희가 곧 살인행위라는 것으로
인식된 다음부터는
차차 없어지게 되었으나
지금도 인도네시아에서는
사람들을 잡아 요리해 먹는 풍습이 있다고 하니
조심하여야 할 것이다.

부처님 당시 사위성주가 조상대대로 내려오는
풍습을 실천하기 위하여 소 천 마리, 양 천 마리,
돼지 천 마리 등 3천 마리의 짐승들을 잡아
하늘 신들에게 짐승의 머리를 바치고
피는 귀신들게 뿌려 악마를 물리치고
고기는 병든 사람들에게 공양하여
복을 짓는다 하였다.

그때 부처님은 이 말씀을 듣고
"참 미련한 임금님이다.

조상들이 천리를 잘 몰랐기 때문에 그런 일이 생겼
구나..."

하니 이 말을 들은 임금님께서 직접 부처님을 찾아
뵙고,

"나라에 풍수재해가 들거나 가뭄이 들면

매년 희생재를 지내 그 액난을 막아 왔는데,

만약 이 해가 지나기 전에

가뭄과 풍수재해가 온다면 어떻게 하겠습니까?"

"하늘사람들은 털 달린 짐승의 머리를 먹지 않고

감로(甘露)를 마십니다.

그러므로 맑고 깨끗한 다기(茶器)만 정성껏 올려도

효과를 볼 수 있습니다.

뿐만 아니라 사람의 몸이 지(地), 수(水), 화(火), 풍
(風) 4대로 이루어져 있으니 4대가 조화를 이루어

서로 싸우지 않고 화합공경하면

자연도 지·수·화·풍·공으로 이루어졌으니

상하가 조화를 이루어 자연재해가 적어질 수 있습니
다."

이렇게 하여 인도에서는 천재를 지낼 때
산 짐승을 잡아 올리지 않게 되었다 합니다.

64. 곡강(曲江)에 달이뜨니

비파소리 요란하다

어려서 교방에서
춤과 노래 익혔는데
선배들이 잘 한다고
곡조가 끝날 때 마다
비단, 가락지가 쏟아졌습니다

금비녀, 은비녀가
장단 맞추다 다 부러졌고
능라금침이 방마다 가득했습니다.

연년히 그럴줄 알았더니
마흔 넘고 50이 다 되다보니
손님은 거의 없고
동네 건달의 풍락에 놀아났습니다.

마침내 늙은 장사꾼 아내가 되니
돈벌이를 중히 여기는 영감님은
한번 나가면 5, 6개월...
빈 배만 지키다 보니 사공이 다 되었습니다.

비파에 흐르는 눈물
달빛에 울렁이니
두 뺨에 흐르는 눈물
강물되어 흘러갑니다.

돌이켜보니 나도 서울에서 쫓겨나
심양에 귀양살이 하는 병든 몸
낮에는 숲, 갈대 밭에 앉아
피 토하는 두견새소리

애절한 원숭이 휘파람소리 요란하여
어쩌다 친구가 와도 술 한잔 대접 못하고
오늘밤 비파소리 들으니
떠난 님이 그리워 지네....

당나라 황제가 사랑하던

절세미인 양귀비가 황정궁에서 목욕하고
온천에서 씻을 적에
생각을 통째 내려
나라일이 요절나니
역적들이 찾아들어 흙먼지가 자욱했네

천자의 피난길에 마적들이 파고드니
양귀비를 처단하라 노병들이 울분하니
장안성 백여리 마의파서 자결,
온 천하가 핏빛으로 물들었다.

피난처에서 돌아와 병사들을 시켜
영계에 가서 찾도록 하니 수십명 천사들이
운공(雲空), 뇌공(雷空), 청천(靑天)을 지나
선천(仙天)이 있는데 거기 태진이라 하는 분이
양귀비 화현으로 나타나
7월 7석날 저녁 환생전에서
오직 둘이 만나기로 할 것을 약속드린다 하였다.

※이 시는 중국의 시인 이태백의 시다.
너무도 간절하여 여기 소개한다.

모든 보시 중 법 보시가 으뜸이고,
모든 맛 가운데 도의 맛이 제일이다
모든 락 가운데 열반락이 제일이고
모든 즐거움 가운데는 깨달음의 즐거움이 으뜸이다.

근본불교 성전(下)
〈번뇌를 여의는 길〉

2020년 4월 10일 인쇄
2020년 4월 20일 발행

編 撰　　活眼

발행인　　한국불교금강선원 금강회
발행처　　불교통신교육원
등록번호　　76. 10. 20 제6호
주　소　　12457 경기도 가평군 청평면 남이터길 65
전　화　　031-584-0657, 02-969-2410
인　쇄　　이화문화출판사 (02-738-9880)

값 : 8,000원